Dieter Thoma | Peter Jamin

BESSER EIGENTOR ALS GAR KEIN TOR

W0382340

Buch

Die Geschichte des Fußballspiels ist voller Höhepunkte: große Spiele, glorreiche Torschützen, außergewöhnliche Siege, weltbewegende Skandale, unverschämte Millionengagen und vieles mehr. *Besser Eigentor als gar kein Tor* erzählt Geschichten aus der weltbewegenden Geschichte des Fußballspiels von seinen Anfängen bis hin zum bevorstehenden Höhepunkt der Gegenwart: die WM 2014 in Brasilien.

Dabei geht es sowohl um seine politische und gesellschaftliche Stellung, um seine Bedeutung für Fans und Medien ebenso wie um spektakuläre Trainerwechsel oder Bett- und Partygeschichten der Stars, und zwar nicht etwa als trockene Abhandlung historischen und Boulevardwissens, sondern wie der Fußball selbst: gespickt mit den urkomischsten Anekdoten, irrsinnigsten Vorkommnissen und lustigsten Geschichten, Sprüchen und Witzen rund um das runde Leder!

Autoren

Peter Jamin, Jahrgang 1951, arbeitete lange als Redakteur und stellvertretender Redaktionsleiter bei der Zeitungsgruppe WAZ, bevor er sich selbstständig machte. Seitdem arbeitet er als Autor, Filmemacher und Berater für Kommunikation.

Dieter Thoma, 1927 in Paderborn geboren, war Kabarettist und freier Autor, bevor er Journalist wurde. Der ehemalige Chefreporter des *Kölner Stadt-Anzeigers* war später Chefredakteur des WDR-Hörfunks und Moderator u. a. des *Mittagsmagazins*, des *Kölner Treffs* und des *Presseclubs*.

Dieter Thoma | Peter Jamin

BESSER EIGENTOR ALS GAR KEIN TOR

Fakten, Fouls und Flanken –
Fußball ist, wenn man trotzdem lacht

blanvalet

MIX
Papier aus verantwortungsvollen Quellen
FSC® C014496

Verlagsgruppe Random House FSC® N001967
Das FSC®-zertifizierte Papier *Holmen Book Cream*
für dieses Buch liefert Holmen Paper, Hallstavik, Schweden.

1. Auflage
Originalausgabe Mai 2014 bei Blanvalet Verlag,
einem Unternehmen der
Verlagsgruppe Random House GmbH, München
Copyright © by Verlagsgruppe Random House GmbH, München
Umschlaggestaltung: Umschlagillustration © Johannes Wiebel |
punchdesign, unter Verwendung von Motiven von
Paulo Buchinho/Getty Images und Shutterstock
S. 143–145: »Fußball ist unser Leben«,
Musik und Text: Jack White, Abdruck mit freundlicher
Genehmigung von Montana Musikverlag GmbH & Co. KG
Satz: Uhl + Massopust, Aalen
Druck und Bindung: GGP Media GmbH, Pößneck
LH · Herstellung: sam
Printed in Germany
ISBN: 978-3-442-38141-8

www.blanvalet.de

Inhalt – Von vorne bis hinten

Die Autoren zeichnen ihre Beiträge aus Platzgründen mit einem Kürzel statt mit ihren vollen Namen: Peter Jamin zeichnet mit PJ und Dieter Thoma mit DT.

Anpfiff: »Besser Eigentor als gar kein Tor«

Es ist alles gesagt, aber noch nicht von allen. Diese Warnung trifft uns auch – aber wir haben uns nicht daran gehalten.

Weil uns das Thema Fußball mit längerer Beschäftigung zunehmend Spaß gemacht hat. Weil sich im Laufe der Jahre wieder viel ereignet hat und Personen und Persönlichkeiten sich zum Fußball geäußert haben. Und weil es Neues zu erzählen gibt und Themen, die nicht altern und in der Wiederholung immer schöner werden, Liebeserklärungen zum Beispiel. Fußball ist wie eine Liebeserklärung, und wir lieben ihn ja auch.

Wir servieren Ihnen auf den kommenden Seiten vergnügliche Fußball-Geschichten, mal ernst, mal heiter und so facettenreich wie der berühmteste Ballsport der Welt selbst. Hin und wieder haben wir auch ein paar Witze eingestreut. Der Witz, als literarische Kleinkunst leider ein wenig aus der Mode gekommen, wirkt nämlich nicht nur entspannend, sondern gelegentlich auch herrlich entlarvend.

Wir werfen einen Blick auf die Geschichte des Fußballs mit ihren kleinen und großen, ärgerlichen und lustigen, erotischen und chaotischen Ereignissen. Bei uns finden Sie Fakten, Fouls und Flanken, und wir freuen uns, wenn Sie mit uns lachen, selbst wenn es mal ganz ernst zur Sache geht.

Fußball bedeutet überall auf der Welt Spaß und Leidenschaft, aber auch Geschäft und Politik. Einerseits ein privates Vergnügen, ist Fußball andererseits immer wieder auch eine staatstragende Angelegenheit wie etwa bei der Fußballweltmeisterschaft in Brasilien, wo das große Ereignis schon im Vorfeld die Politik beeinflusste und etwa Armenviertel in Rio saniert wurden. Leider hat der Weltverband FIFA nicht ebenso viel Einfluss auf das Wetter. Deshalb wird überlegt, die Weltmeisterschaft 2022 in Katar wegen der sommerlichen Extremhitze gar auf den Winter zu verschieben.

Wir haben versucht, dem Fußball mit unseren unterschiedlichen Temperamenten die leichten Seiten abzugewinnen, ohne das Ernsthafte aus dem Blick zu verlieren. Dabei war es uns besonders wichtig, kein Buch für Fußballprofis oder -experten zu schreiben, sondern für Menschen, die einfach Spaß am Fußballspiel haben und darüber gerne auch mal schmunzeln. Und selbstverständlich für die Newcomerinnen, jene Frauen, die im Siegestaumel des Frauenfußballs nun auch dem Fußball im Allgemeinen schöne Seiten abgewinnen möchten. Nun tauchen Sie bitte ein in unsere bunte Welt der Fußballgeschichten quer durch alle Strafräume und Spielfelder des gerühmten Ballsports.

Wir widmen dieses Buch unserem Freund und Kollegen Chris Howland, der eigentlich Co-Autor sein sollte, aber leider verstorben ist.

Peter Jamin – Dieter Thoma

1. Weltgeschichte und Fantasie

»Die Leute gehen zum Fußball, weil sie nicht wissen, wie es ausgeht.«

Sepp Herberger

Weltwunder – Alles Leben begann mit dem Ball

Wer ehrlich mit der Geschichte der Welt ist und vielleicht nicht ganz so abhängig von wissenschaftlichen Erkenntnissen oder Glaubensfragen, muss sich eingestehen, dass letztlich die Geschichte der Menschheit und allen Lebens auf den Ball zurückzuführen ist.

Betrachten wir den sogenannten Urknall, auch Urball genannt. Der Urknall selbst war schon eine Art irrsinnig rasant fliegender Ball, und was daraus vor rund 14 Milliarden Jahren vor Christi geworden ist, können wir jeden Abend an einem klaren Sternenhimmel beobachten: ganz viele, leuchtende Bälle!

Wissenschaftler haben dafür zwar eine andere Betrachtungsweise gefunden, aber das waren vermutlich auch keine Fußballfans. Sie entwickelten die Theorie vom Urknall. Anfangs wäre da nur eine heiße, undurchsichtige Masse gewesen, die sich in über 400 000 Jahren abkühlte. Aber betrachten wir nur einmal die Folgen des Urknalls. Sonne. Mond. Mars. Alle Himmelsgestirne sind rund – wie ein Ball.

Wahre Weltwunder! Und wenn es nicht später erfindungsreiche Designer wie Luigi Colani und Philippe Starck gegeben hätte, wären vermutlich alle Gegenstände zum Hausgebrauch heute rund wie ein Ball und nicht so verballhornend geschwungen. Und ohne so eigenwillige Modeschöpfer wie Coco Chanel, Karl Lagerfeld oder Giorgio Armani trügen wir heute alle ballartige Kleidung.

Da, wo Wissenschaftler oder Kreative keinen Einfluss haben, bleiben die Dinge Gott sei Dank auch weiterhin rund wie ein Ball. Denken wir nur einmal an die Viren. Ich bin überzeugt: Selbst Viren würden lieber Fußball spielen, statt Krankheiten zu verbreiten, wenn sie denn die Regeln verstehen würden. Immerhin haben Viren – wie übrigens auch Bakterien – so viel Respekt vor der Fußballwelt, dass sie selbst großen Abstand zu den Spielern halten.

Matthias Sammer sieht, wie Fredi Bobic aus einer Pfütze trinkt. Er sagt zu ihm: »Hey, lass das! Da sind doch Bazillen drin.«

Darauf antwortet Fredi: »Keine Panik, die sind alle tot! Ich bin vorher extra drei Mal mit dem Auto durchgefahren!«

So gut wie nie erschrecken uns Nachrichten, dass prominente Fußballspieler etwa an der Spanischen Grippe oder an der Schweinepest erkrankt sind. Sie sind lediglich gelegentlich etwas verschnupft, wenn sie zum Beispiel bei einem wichtigen Spiel vom Trainer auf die Reservebank geschickt werden.

Nun könnten etwa Christen anführen, dass ihre Kirche das anders sieht: Gott habe die Welt erschaffen – und zwar nicht als Ball! Aber sind wir doch ehrlich: Ist die Welt nicht seit Urzeiten ein Spielball der Natur? Und ist in der göttlichen Schöpfungsgeschichte nicht auch von sechs Tagen Schwerstarbeit die Rede? Die das glauben, sollten sich mal in einem Trainingslager von Jogi Löw und seiner Nationalmannschaft umsehen – da spürt man geradezu die Schöpfungsgeschichte live und die Einheit von Ball und Erdkugel.

So richtig bewiesen hat die Kirche außerdem die Entstehung der Menschheit durch Gott im Übrigen auch nicht. Es gibt aber seit Christi Geburt konkrete Hinweise, dass der Fußball für ihn eine wichtige Rolle gespielt hat. Einige Beispiele:

Wie hießen die Fußballschuhe von Jesus? Christstollen.

Wer waren die ersten Fußballer?
Der liebe Gott und Noah. Schon in der Bibel steht: »Gott sprach zu Noah: Geh in den Kasten, ich mache Sturm.«

Wer war die erste Fußballmannschaft?
Jesus und seine Jünger. Denn in der Bibel steht: »Jesus stand im Tor von Nazareth, und seine Jünger standen abseits.«

Wann wurde die deutsche Fußballnationalmannschaft zum ersten Mal schriftlich erwähnt?
Im Alten Testament: »Sie trugen seltsame Gewänder und irrten planlos umher.«

Wie in anderen wichtigen Glaubensfragen auch, verlangt die Kirche in Fragen der Entstehung des Universums und der Welt, dass die Christen ihren Lehren einfach glauben, und sie bekämpfte über Jahrhunderte selbst wissenschaftliche Erkenntnisse vehement. Denken wir nur einmal an einen der berühmtesten Theoretiker der Welt, der für die These, dass die Erde keine Scheibe ist, sondern ein Ball, sein Leben riskierte: Galileo Galilei.

Unabhängig vom Dogma der Kirchenführung, Gott habe die Welt erschaffen, sind die meisten Christen aber dem Ballgeschehen sehr zugetan, oft mehr als dem weltbesten

Werbelogo, dem Kreuz. Der Witz kennt dazu etliche Beispiele wie diese:

Ein nicht sehr erfolgreicher Bundesligaspieler ist gestorben. Als er im Himmel vor Petrus steht, fragt der ihn erstaunt: »Wie hast denn du das Tor gefunden, mein Sohn?«

Oder denken wir nur einmal an Don Camillo und Peppone aus Italien, deren abenteuerliche Geschichten in den 1950er- und 60er-Jahren sogar fürs Kino verfilmt wurden. Der katholische Pfarrer lieferte sich mit dem kommunistischen Bürgermeister in der italienischen Provinz wahre Schaukämpfe beim Fußball. Der Priester kannte keine Hemmungen, krempelte den Talar hoch und trat zu – gegen den Ball oder mit Vorliebe gegen das Schienbein von Peppone. Meist holte er sich allerdings Rat bei seinem Chef in der Kirche. Im gekreuzigten Jesus hatte er einen starken Schiedsrichter, der ihm gelegentlich sogar die gelbe Karte zeigte.

Fragt ein Fußballer einen Pfarrer: »Pater, können Sie mir sagen, ob im Himmel Fußball gespielt wird?«

Antwortet des Pfarrers: »Kommen Sie bitte in einer Woche wieder, ich muss Erkundigungen einziehen.«

Nach einer Woche treffen sich die beiden wieder. Sagt der Pfarrer: »Ich habe eine gute und eine schlechte Nachricht. Die gute: Im Himmel gibt es riesige Stadien mit wunderbaren Fans, die jeden Kicker anfeuern. Die schlechte: Im nächsten Heimspiel sind SIE aufgestellt!«

Gott ist wohl auch ein Fußballfan. Und auch einer seiner besten Mitarbeiter, Papst Benedikt XVI., konnte sich nicht dem Einfluss des Balls entziehen. Damals, vor der Europameisterschaft 2012, schrieb er an den Präsidenten der polnischen Bischofskonferenz, Józef Michalik: »Fußball hilft, sich über die Logik des Individualismus und Egoismus, die oft das menschliche Miteinander prägen, zu einer Logik der Brüderlichkeit und Liebe zu erheben, die es erlaubt, auf jeder Ebene eine Gemeinschaft aufzubauen, die das Wohlergehen all ihrer Mitglieder fördert.«

Wenn das keine Verbeugung vor dem Fußball ist. So viel Ehrerbietung hat die katholische Kirche ja kaum für ihre Brüder evangelischen Glaubens übrig.

Wir müssen übrigens nicht Milliarden Jahre zurückblicken, um Bestätigungen für unsere Erkenntnis zu finden, dass alles Leben mit dem Ball begann. 1974, zur Fußballweltmeisterschaft in Deutschland, gestand die Nationalelf sogar stramm singend: »Fußball ist unser Leben …«

So wie diese mutigen Spieler leben eigentlich alle Fußballspieler und -zuschauer nur für den Ball und das Spiel mit ihm. Viele setzen dafür ihre Ehen aufs Spiel und die Kinder vor die Tür.

Für etliche Fußballprofis begann das Leben eigentlich erst, als sie in frühester Kindheit entdeckten, dass ein Ball wunderbar mit den Füßen zu beherrschen ist.

Der spanische Weltklassespieler Fernando Torres, der 2012 gegen Saudi-Arabien sein 100. Länderspiel für Spanien bestritt und damit der jüngste spanische Nationalspieler war, der die 100er-Marke erreichte, startete schon in Kindertagen seine Karriere. Torres begann mit elf Jahren in der Jugendmannschaft von Atlético Madrid, bevor er 2001 Profispieler wurde.

Torres erinnert sich: »Als ich zwei Jahre alt war, habe ich

angefangen mit meinem sieben Jahre älteren Bruder überall im Haus zu kicken. Das war mein allerersterster Kontakt mit Fußball. Ein anderes Hobby von mir war, Sachen aus dem Fenster zu werfen. Unglücklicherweise habe ich eines Tages einen Spielzeugtruck, der voll mit Geld war, aus dem Fenster geworfen.«

Was beweist, dass sich selbst Spitzenfußballspieler – auch wenn sie viele, viele Millionen Euro im Jahr verdienen – eigentlich nicht für den schnöden Mammon interessieren, sondern nur für ihren Sport. Aber mit dem lieben Geld werden wir uns in einem weiteren Kapitel befassen. Hier soll es noch einmal um den Fußballnachwuchs gehen:

Mit traurigem Gesicht kommt Fritzchen vom Fußballspielen nach Hause.
»Was ist los«, fragt der Vater, »habt ihr verloren?«
»Nein«, antwortet der Sohn, »aber ich soll in einer anderen Mannschaft spielen.«
»Dann haben sie dich also verkauft?«
»Nein – verschenkt.«

»Weißt du eigentlich, was mit kleinen Jungen passiert, die am Sonntagmorgen nicht in die Kirche kommen und stattdessen lieber Fußball spielen?«, fragt der Pfarrer streng.
»Selbstverständlich«, sagt Fritzchen, »eines Tages spielen sie in der Bundesliga und verdienen Millionen.«

(PJ)

Geschichtsstunde – Als Spieler noch ihr nacktes Knie bedeckten

Jeder echte Fußballfan weiß natürlich, dass im England des 19. Jahrhunderts der richtige Fußball begonnen hat. Man sollte sich gelegentlich daran erinnern, wenn wieder einmal über Sinn und Unsinn von Fußballregeln gestritten wird. Denn gemessen an den Regeln in den Kinder- und Jugendjahren des Fußballs leben wir heute in einem wunderbar überschaubaren Ball-Paradies.

Ja, vergessen wir jetzt einmal die aktuellen Abseits-Diskussionen und die vielen damit verbundenen Fehlentscheidungen. Zu verdanken haben wir das erste verbindliche Regelwerk den Studenten der Universität Cambridge. Sie verfassten 1848 die ersten Fußballregeln, genannt »Cambridge Rules«, als eine Fußballmannschaft noch aus 15 bis 20 Spielern bestand.

Dieses englische Ordnungswerk ist die Basis des 1863 verabschiedeten Regelwerks der neu gegründeten englischen Football Association (FA), das vorschrieb, dass – aha – das Fußballspielen mit dem Fuß und durch Treten nach dem Ball zu erfolgen habe. Die erste Abseitsregel legte fest, dass jeder Spieler vor dem Ball, der sich zwischen Ball und gegnerischem Tor befindet, im Abseits war.

Die Cambridge-Regeln wurden mit den Jahren noch kräftig und zum Teil recht kurios verändert. So gab es eine Kleiderordnung, nach der die Hosen der Spieler das Knie bedecken mussten. Wie schön schamhaft man doch damals noch war …

Im sogenannten »Sheffield Code« wurden 1866 der Eckball und der Freistoß eingeführt. 1870 beschloss die FA dann, die Zahl der Spieler auf elf zu beschränken – immerhin eine Regel, die sich bis heute erhalten hat.

Schon früh wurde den Spielern auch das Handspiel verboten und dem Torwart genau das ausdrücklich gestattet, allerdings nur im Strafraum und für zwei aufeinanderfolgende Schritte.

Seit 1866 gab es also die Ecke, zwei Jahre später holte man sich die Schiedsrichter zu Hilfe, die die Einhaltung des Regelwerks bei den Spielern fortan beurteilen mussten. Ab 1877 durften die sogar einen Mann vom Platz schicken, wenn er einen schweren Regelverstoß begangen hatte.

Um sich durchzusetzen, bedienten sich die Unparteiischen schließlich ab 1878 der Schiedsrichterpfeife. Was bei den Spielern seitdem wirkt, hat auf die Fans keinen Einfluss. Die rufen dem Schiedsrichter, wenn sie mit ihm unzufrieden sind, heute gerne auch mal zu: »Schiri, wir wissen, wo dein Auto steht.«

»Papa, was wird aus einem Fußballstar, wenn er nicht mehr gut sehen kann?«, will Fritzchen wissen.
»Dann wird er Schiedsrichter«, knurrt der Vater.

»Haben Sie drei Sekunden Zeit?«, fragt ein Zuschauer den Schiedsrichter nach Spielschluss. Dieser nickt zustimmend. »Dann erzählen Sie mal alles, was Sie über Fußball wissen.«

Während des Spiels fliegt plötzlich eine Flasche aufs Spielfeld. Schreit der Schiedsrichter: »Was soll das?« Antwortet ein Zuschauer: »Damit du nicht so alleine bist.«

1880 wurde zu einem besonderen Jahr, denn da wurde der Freistoß als Strafe eingeführt, und weil der Sport immer härter wurde, schrieb die englische Fußballvereinigung künftig das Tragen von Schienbeinschützern vor.

Fußballspieler sind heutzutage viel fairer als früher: Heute besuchen sie nach dem Spiel ihre Gegner sogar im Krankenhaus.

Und dann geht es in den Jahren bis zur Jahrhundertwende Schlag auf Schlag: Der Einwurf mit beiden Händen wird erlaubt, die Linienrichter zur Unterstützung des Schiedsrichters werden eingeführt, aus dem halbkreisförmigen Strafraum wird ein Rechteck, und erste Türchen öffnen sich für den Profifußball, denn ab 1899 darf sich ein Spieler für maximal zehn Pfund von einem anderen Verein kaufen lassen.

Auch im 20. Jahrhundert geht es mit den Regeländerungen munter weiter: Beim Elfmeter darf der Torwart nicht mehr die Linie verlassen, und Abseits in der eigenen Spielhälfte wird gestrichen.

Man könnte dieser Aufzählung noch vieles hinzufügen. Aber möchten wir das wirklich alles seitenlang lesen?

Es ist doch schön, dass wir zu einem weltweit gültigen, alle zufrieden stellenden Regelwerk gefunden haben und die FIFA keinen Sicherheitsrat benötigt, der am laufenden Band Streitigkeiten unter den Nationen wegen der Fußballregeln schlichten muss.

Und die Erkenntnis aus dieser Betrachtung: Der Fußball ist ein so wunderbarer Sport mit so herrlich platzierten Regeln, dass er die Nationen der ganzen Welt ohne großes Tauziehen verbinden kann. Vor diesem Hintergrund dürfte sogar die Einführung von Torlinientechnik und Bällen mit Computerchip in Zukunft ein Kinderspiel werden.

Gratulation! Die Fußballnationen haben wirklich viel erreicht, wenn man bedenkt, dass erst 1963 das Barfußspielen in Indien verboten wurde – jedenfalls auf den Meisterschaftsplätzen, nicht auf den Straßen.

(PJ)

Weltmeister – Das Wunder von Bern im Fernsehapparat

Die Männer benehmen sich sehr merkwürdig. Sie erwecken den Eindruck, als fürchteten sie einen Anschlag. Zumindest wollen sie nicht gesehen werden. Sie wandern scheinbar ziellos durch die Straßen, um dann hastig in einen Hauseingang einzutauchen, nicht ohne sich noch einmal zu vergewissern, dass auch niemand sie dabei gesehen hat.

Was sind das für Männer, die sich wie Strauchdiebe aufführen und offenbar vorher vereinbarte Ziele aufsuchen? Sie haben offensichtlich eine gemeinsame Angst, aber kein gemeinsames Ziel.

Es fällt schwer zu glauben: Es sind Fußballanhänger. Als Intellektuelle scheuen sie sich jedoch zuzugeben, dass auch sie sich für die Spiele der Fußballweltmeisterschaft 1954 interessieren. Sie haben sich in Redaktionskonferenzen und anderen Gesprächskreisen mit solcher Häme über Fußball ausgelassen, dass sie ein ehrliches Interesse nicht mehr glaubhaft vertreten können.

Fußballinteresse galt bis in die 60er-Jahre als unfein. Als machte man etwas Verbotenes, zumindest Unschickliches, wie einen Bordellbesuch.

Ganz verschwunden scheinen diese Berührungsängste immer noch nicht zu sein. Auch heute noch kann man meistens darauf vertrauen, dass der kluge Kopf des Sportlesers von den Meldungen aus dem Finanzteil verdeckt wird. Denn die Außenseite orientiert über die Finanzen oder die Wirtschaft, während die Innenseite Sport vermittelt. Darin sind sich in der Regel alle großen überregionalen Zeitungen wie FAZ, SZ oder WELT einig, obwohl man sich nicht mehr ganz darauf verlassen kann. Während der Leser innen den

Sport studiert, verkauft er sich für die Umwelt als werdender Wirtschaftsfachmann.

Am Abend eines Fußballspiels saßen zum Beginn des Spiels alle heimlich herangeschlichenen Männer im Wohnzimmer vereint vor dem Radio und sahen im Sinne des Wortes in die Röhre. In die Radio-Röhre. Fernsehen steckte noch in der Probierphase. Man wusste noch nicht, was da auf uns zukommen würde. Das heißt: Es gab diese Errungenschaft schon. Aber nur mit wenigen Geräten. Es mochten vielleicht tausend sein.

Am Radio saß eine kleine engagierte Gemeinde. Sie trank Bier aus Flaschen und genoss Fußball wie ein Hörspiel. Richtig populär wurde das Spiel erst, nachdem »wir« gewonnen hatten. Zum zweiten Mal.

Wie es sein kann, wenn man Fußball im Fernsehen sieht, wurde vor den Schaufenstern der einschlägigen Geschäfte vorgeführt. Nicht nur ein Gerät strahlte den noch unbekannten technischen Fortschritt aus, es waren fast immer mehrere Apparate. Die Bildschärfe verrutschte gelegentlich, und dann sahen die Betrachter kein Fußballspiel mehr, sondern wilde Kämpfe, die Schwarz gegen Weiß ausfochten.

Noch genügsamer mussten die Gäste in den wenigen Kneipen sein, die sich für die Fußball-WM ein Fernsehgerät angeschafft hatten. In überfüllten Lokalen drängten sie sich vor der kleinen Mattscheibe zusammen. Erkennen konnte man fast nichts außer einem schwarz-weißen Gewusel, in dem sich irgendwo der Ball versteckte.

Ich hatte zwei Tage vorher meinen Aufenthalt in einer Bierkneipe vorbereitet. Der Wirt meines Aachener Stammlokals hatte mir erzählt, dass er noch einen Fernsehapparat geliefert bekäme.

Ich ging eine halbe Stunde vor Spielbeginn hin und landete etwa in der zehnten Reihe. Ich stand hinter breiten

Rücken, und nur selten konnte ich einen Blick auf den Bildschirm erhaschen. Ich wagte den Hinweis, dass ich mit dem Wirt eine Abmachung hätte. Ich hätte mit einem reservierten Platz gerechnet. Das empörte alle vor mir Stehenden.

Auf dem Bildschirm zuckten schwarz-weiße Blitze. Gesehen habe ich den ganzen Abend nichts. Es war nur das Gemeinschaftsgefühl, das den Abend verschönte. Ich dankte dann auch dem NDR, dass er den Reporter Herbert Zimmermann vor allem als Radioreporter geschult hatte. Sein Torschrei beim 3:2 ließ mich mit allen anderen glücklich werden und die Mängel verschmerzen.

Als ich dann zu Hause ankam, hörte ich Stimmen. Nachbarn hatten meine Frau aufgesucht und zwei Flaschen Bier mitgebracht. Auf dem Tisch standen Schnittchen, die meine Frau zubereitet hatte. So mochte es in vielen abendlichen Wohnungen ausgesehen haben. Die Gäste legten am Ende etwas Geld auf den Tisch, um den Aufwand der Schnittchen auszugleichen. Es waren sparsame Jahre nach dem Zweiten Weltkrieg. Das Wirtschaftswunder ließ noch auf sich warten. Daran konnte auch das Gefühl, Weltmeister zu sein, nichts ändern.

Die Weltmeisterschaft in der Schweiz brachte dem Fernsehen trotzdem den ersten großen Durchbruch. Als das Endspiel gelaufen war, zählte man immerhin schon zweihunderttausend Geräte.

(DT)

Nobelpreisträger – Von Intellektuellen und einem Fußballdichter

Bis 1960 hat sich der schlechte Ruf des Fußballs, heute sagt man wohl Image, kaum gebessert. Mich bewahrte ein Nobelpreisträger für Literatur vor solchen Gefährdungen. Ich hatte Glück, 1960 einige Monate in der Pariser Redaktion von *L'Express* arbeiten zu können. Dort schrieb auch Albert Camus, der Nobelpreisträger von 1957. Den Kämpfer für Gerechtigkeit reizten auch die Ungerechtigkeiten des Fußballs. Er äußerte sich über die moralische Lehre, die er dem Fußball verdanke: Alle Spieler unterwerfen sich freiwillig den gemeinsamen Spielregeln. Er suchte auch im Fußball die Gerechtigkeit, aber nicht über den Preis der Freiheit. Was ihn dazu verleitete, mich zum Fußball einzuladen, zu seinem Verein Paris St. Germain, habe ich nicht erfahren. Vielleicht sah er bei mir am ehesten auch seine Forderung gewährleistet, dass bei diesem Stadionbesuch nur über Fußball gesprochen werden sollte, nichts anderes. Aber auch das tat er mit der Brillanz eines Poeten.

Camus starb ein Jahr später bei einem Autounfall.

Er leitete gerne Sätze mit Anekdoten ein. Wenn die Pointe gut war, glich sein Gesicht dem eines Komikers. Auch wenn Paris ein Tor geschossen hatte. Im Gespräch mit angeblichen Fußballkritikern half es mir später kolossal, wenn ich sie beiläufig einstreuen konnte: »Wissen Sie, ich war vor kurzem mit Albert Camus beim Fußball. Sie kennen ihn doch sicher? Der Nobelpreisträger! Und es macht richtig Spaß, mit ihm dorthin zu gehen. Er ist ein begeisterter Fußballfan.«

Mittlerweile trifft man auf immer mehr Intellektuelle, die sich zum Fußball bekennen und mitunter fast fanatisch hinter »ihrer« Mannschaft stehen. Verstecken muss sich keiner mehr. Sie hätten es auch 1954 nicht gemusst. Aber da wussten sie es noch nicht.

(DT)

Arbeitslos – Mit dem Riesenfußball durch Deutschland

Die Fußballgeschichte bietet ja viele Kuriositäten. Es war 1932, als sich zwei Arbeitslose, begeisterte Fußballspieler des FC Regensburg, entschlossen, eine extravagante und ihrem Hobby entsprechende Form des Geldverdienens zu entwickeln. Die beiden Männer wollten nicht von der staatlichen Unterstützung leben. Sechs Millionen Menschen waren damals arbeitslos.

Dialog im Arbeitsamt: »Wie viele Arbeitsstellen hatten Sie denn im letzten Jahr?«
»Fünf!«
»Aha, Gelegenheitsarbeiter?«
»Nein, Fußballtrainer!«

Die beiden Regensburger hatten eine für damalige Zeiten grandiose Idee: Sie beschlossen, einen selbstgebauten Riesenfußball quer durch Deutschland zu rollen und sich den Lebensunterhalt durch den Verkauf von Postkarten zu verdienen.

Was ist der Unterschied zwischen einem Fußballer und einem Fußgänger? – Der Fußgänger geht bei Grün, der Fußballer bei Rot!

Die Männer bauten also einen 600 Kilogramm schweren Mammutfußball. 500 Arbeitsstunden benötigten sie für das zwei Meter hohe Reisegefährt. Das Innere der Kugel statteten sie gemütlich aus, weil sie in ihrer Kugel auch wohnen wollten. Sie bot Platz für zwei Matratzen und auch noch genug Raum für Zeitungen und Weinflaschen. Von außen sah das Gefährt wie ein echter überdimensional großer Fußball aus, denn sie bemalten die Kugel sogar mit dem Muster eines Lederballs.

Am 10. Mai 1932 starteten der Bäcker Jakob Schmid und der Hafenarbeiter Hans Berzel zu ihrer 3000 Kilometer langen Reise durch Deutschland. Eigenhändig rollten die beiden Männer ihr Wunderwerk über die Straßen. Hügel hoch und wieder runter. Quer durch Städte und Dörfer. Über befestigte Straßen und löchrige Feldwege. Am Tegernsee erklommen sie den 1700 Meter hohen Wallberg und wanderten entlang den Küstenstraßen an der Ostsee.

Im Durchschnitt schafften die kauzigen Reisenden täglich etwa 24 Kilometer. Zunächst rollten die Ballonauten, wie sie bald genannt wurden, ihren Fußball quer durch Bayern, dann wandten sie sich gen Norden, erreichten am 8. Juli 1932 Dresden, waren am 25. Juli in Leipzig, am 5. August in Potsdam und einen Tag später in Berlin, wo sie ihre Kugel sogar durchs Brandenburger Tor rollten. Von dort aus ging es schließlich wieder heimwärts. Ihre Heimatstadt Regensburg erreichten sie allerdings nicht. Ein gutes Stück vor dem Ende der Tour brach die Kugel am 14. August 1933 in Rosenberg auseinander.

Doch bis dahin sammelten die ideenreichen Fußballspieler viele Erfahrungen. Nicht überall stieß ihre Aktion auf Beifall der Bevölkerung oder der örtlichen Behörden, nicht immer verdienten sie genug Geld für ihren Lebensunterhalt. Dann kehrten sie in einer der zahlreichen Suppenküchen ein, um nicht zu verhungern.

Ein Witz aus den längst vergessenen Zeiten des deutschen »Rumpelfußballs«:

> Wie hoch ist der Marktwert der deutschen Fußballnationalmannschaft?
> Knapp drei Euro: elf Mal Flaschenpfand.

Wie es ihnen unterwegs erging, dokumentierten die beiden Fußball-Roller in einem Tagebuch, das sie durch zahlreiche Fotos ergänzten. Der Regensburger Journalist Hubertus Wiendl entdeckte den Band zufällig auf dem Dachboden eines Hauses und machte das ungewöhnliche Fußballabenteuer unter der Internetadresse ballonauten.de für alle Welt zugänglich.

Da finden sich dann solche kleinen Beschreibungen eines für damalige Zeiten großen Abenteuers: »In Tirschenreuth angekommen um 7 ¾ Uhr abends. Unterwegs bekamen wir von einer Bauersfrau Geräuchertes, hat nicht schlecht geschmeckt. Sind im Gasthaus Goldener Löwe, Vereinslokal DT, Besitzer Höfinger, abgestiegen. Dort verlebten wir schöne Stunden, da die Bevölkerung im Allgemeinen nett war, sowie auch die Behörde. Das war wenigstens eine Entschädigung für die schlechte Behandlung, welche wir in Schönficht bekamen, als wir einen kleinen Imbiss dort einnahmen in dem größten Gasthof. Diese Wirtin behandelte uns direkt, wie man es mit einem Landstreicher nicht macht. Man darf natürlich bei einer solchen Fahrt nicht

Mut und Ausdauer verlieren und manches einstecken, und die Hauptsache ist die Hoffnung nicht verlieren.«

(PJ)

Steinzeit – Trainer Klopp und die Neandertaler

Das hätten sich die Neandertaler auch nicht träumen lassen: dass 30 000 Jahre später Milliarden Menschen vor leuchtenden Geräten sitzen und elf Männer beobachten, die hinter einem Ball herrennen. Damals war ja alles anders. Da rannten die Männer über Wald und Wiesen hinter einem Kaninchen oder einem Fuchs her, um das Überleben ihrer Kleinfamilien zu sichern, während die Männer heute über ein kleines Spielfeld hasten, um ihren Status als Millionäre zu erhalten.

Das Neanderthal-Museum beschäftigte sich im Jahr 2006 mit dem Fußballspiel vor Jahrtausenden und kam zu überraschenden Ergebnissen.

»Bei letzten Grabungen sind Forscher um den Archäologen Ralf Schmitz auf eine erstaunlich gut erhaltene lederummantelte Kugel gestoßen, die eindeutig aus der Zeit des Neandertalers stammt und von jenem nachweislich mit Füßen getreten wurde«, berichtete die *Archaeonews* am 1. April 2006 einer erstaunten Fachwelt. »Die Wiege des Fußballs liege damit im Neandertal, betont der Wissenschaftler. Dies werde durch anatomische Besonderheiten des Skeletts untermauert. Außerdem gebe es Hinweise, dass der Eingang der ehemals im Neandertal gelegenen Feldhofer Grotte als Fußballtor gedient habe.«

Vor dem Hintergrund dieser Meldung wurden die ersten Menschen geradezu zu Kultfiguren, und die Menschen strömten in das Museum. 2006 feierte das Neanderthal-Museum ein Jubiläum: 150 Jahre zuvor war in der Feldhofer Grotte der erste Urmensch gefunden worden. Prof. Dr. Gerd-Christian Weniger, Direktor des Museums, plädierte im Weltmeisterschaftsjahr 2006 sogar dafür, »den Neandertaler ins Trikot der deutschen Fußballnationalmannschaft zu stecken. Immerhin ist er der berühmteste Deutsche – weltweit deutlich bekannter als Goethe oder Einstein. Und eines ist heute ganz klar: Der Neandertaler war ein komplettes Kulturwesen und mehr als 200 000 Jahre lang erfolgreich – also alles andere als eine Lachnummer der Evolution.«

Bei solch wertvollen wissenschaftlichen Erkenntnissen war es natürlich selbstverständlich, dass sich auch im Internet eine Diskussion darüber entwickelte, ob die Neandertaler gar den Fußball erfunden hatten.

»Im Auftrag des Neanderthal-Museums wurde inzwischen eine Rekonstruktion des Neandertaler Fußballs angefertigt, dessen Flugeigenschaften Besucher beim Schuss auf eine Felltorwand selbst ausprobieren können«, schrieb eine Liane am 5. April 2006 im Ufo-und-Alienforum.de, »zuletzt hatten Grabungen im Jahr 2000, bei denen die Forscher tatsächlich weitere zum Originalskelett gehörende Knochen entdeckt hatten, für weltweites Aufsehen gesorgt.«

Auch wenn sich noch 2006 herausstellte, dass die wissenschaftlichen Hinweise auf den Fußball spielenden Neandertaler ein Aprilscherz gewesen waren, werden hin und wieder Bezüge zwischen den Neandertalern und dem Fußball hergestellt.

Die eruptiven Wutausbrüche des zähnefletschenden BVB-Trainers Jürgen Klopp etwa fordern zu einem solchen Vergleich geradezu heraus. Klopp, der auf einem Foto tatsächlich ungewöhnliche Ähnlichkeit mit dem Urmenschen hatte, kommentierte nach seinem Ausraster beim Champions-League-Spiel in Neapel im September 2013 selbstkritisch: »Ich mach da draußen den Affen. Das war wirklich doof.«

Ein Jahr zuvor hatte eine Werbekampagne der *ARD-Sportschau* für Aufsehen und Empörung gesorgt. Da trat in einem 30-Sekunden-Werbespot eine Neandertal-Hausfrau aus Knetmasse auf: Erst als sie einen BH aus Fußbällen entblößte, fand sie Beachtung bei ihrem Mann, der gerade die *Sportschau* sah. »Männer waren schon immer so«, tönte es aus dem Off. »Zumindest samstags.«

Das ist schon starker Tobak, aber Neandertaler können sich ja gegen Beleidigungen im Zusammenhang mit ihrem Namen nicht wehren. So scherzte etwa FIFA-Chef Sepp Blatter, als er gefragt wurde, ob Homosexuelle bei der WM 2022 in Katar Probleme bekommen könnten: »Ich denke, sie sollten jegliche sexuelle Aktivität unterlassen.« Der frühere Basketballer und NBA-Star John Amaechi schimpfte daraufhin: »Das ist die epische, archaische Ignoranz eines Neandertalers.«

Die Genderforscherin Stevie Schmiedel, ehemalige Dozentin der Universität Hamburg und Expertin für die Darstellung von Geschlechterstereotypen in der Werbung, bezeichnete den *Sportschau*-Spot sogar als sexistisch in Bezug auf beide Geschlechter. Frauen würden sexualisiert dargestellt und Männer lediglich auf ihre Triebe reduziert.

Dabei war die ARD-Kampagne nicht einmal neu. Bereits 2006 hatte die ARD ebenfalls kickende Knetgummi-Neandertaler in Szene gesetzt. Sehr zur Freude von Museumsdirektor Weniger: »Der Neandertaler ist den Menschen heute – und sicher nicht zuletzt wegen der überwältigenden Medienresonanz im Jubiläumsjahr – so präsent wie nie zuvor. Dass er inzwischen sogar für die *Sportschau*-Fans der gesamten Republik zum Sympathieträger avanciert ist, beweist seine Popularität. Damit ist der Neandertaler in der höchsten deutschen Spielklasse angekommen.«

Bestätigt wird der Wissenschaftler bis heute. »Für mich sind diese Fußballfans alles Neandertaler«, beschrieb 2010 ein Bundespolizist die häufigen Konfrontationen mit den Fans. »Wenn es um Fußball geht, Bier im Spiel ist und viele Menschen zusammenkommen, dann werden selbst Leute, die unter der Woche völlig normal sind, zu Steinzeitmenschen.«

Wissenschaftlich korrekt war das nicht: Damals gab es noch kein Bier.

(PJ)

Einwürfe – Weltgeschichte und Fantasie

»Von unseren Fußballern würde ich mir mehr öffentliche Präsenz, ehrliche Meinungen auch zu anderen Themen als Fußball wünschen. Und hier und da ruhig ein paar Ecken und Kanten.«

Boris Becker

»Das habe ich ihm dann auch verbal gesagt.«

Mario Basler

»Männer haben 100 Gramm mehr Gehirn als Frauen – da ist unter anderem die Abseitsregel drin.«

Dieter Nuhr

»Die wissen nicht einmal, dass im Ball Luft ist. Die glauben doch, der springt, weil ein Frosch drin ist.«

Max Merkel über deutsche Funktionäre

2. Kultur und Gesellschaft

»22 Männer jagen 90 Minuten lang einem Ball nach, und am Ende gewinnen die Deutschen.«

Gary Lineker

Hallo Brasilien! – Auf ins Land der Dribbelkünstler

Wenn man nach Brasilien reinkommt, liegt gleich rechts der Zuckerhut. Die Erwartung, dass er als Wahrzeichen dort zu stehen habe, wird erfüllt.

Auch die Copacabana ist noch da, der zweitschönste Strand der Welt. Der zweitschönste deswegen, weil jeder von uns die Adresse seines persönlichen Traumstrands in der Tasche hat. Die meisten Deutschen sind höchst erstaunt, wenn sie die erste Taxirechnung bezahlen, für die man anderswo ein Einfamilienhaus bekommen könnte. Aber die Tatsache, dass man Deutscher ist, stimmt manche Taxifahrer milder. Weil die Deutschen doch so gut Fußball spielen – vor allem dann, wenn Spielfreude und Spielwitz auf das ganze Turnier ausstrahlen, so wie es der deutschen Mannschaft 2006 gelungen ist.

Womöglich stoßen wir ja auch hier in Brasilien auf ein Massenvergnügen, das wir uns gern gefallen lassen. Es wird zum Beispiel immer noch hinreißend Samba getrommelt und getanzt. Die Einheimischen schwören weiterhin auf ihr Leibgericht, die »Feijoada«. Wer sie bestellt, begibt sich auf eine lukullische Abenteuerreise. Denn es kommt genau das in den Topf, was wir hier in Deutschland ausmustern würden. Vielleicht lässt sich so besonders gut Fußball spielen. »Schwein gehabt«, sagen sie auch auf Portugiesisch, wenn sie knapp und glücklich gewonnen haben.

Brasilien ist 25-mal so groß wie Deutschland und hat fast 200 Millionen Einwohner. 90 Prozent aller Edelsteine dieser Welt stammen aus Brasilien. Das Land ist weltweit der größte Produzent von Zucker, Kaffee und Hartholz. Brasilien hat auch die Finanzkrise ohne größeren Schaden überstanden. Es ist ein Land der Superlative. Mit dem längsten Strand der Welt und dem größten Regenwald. Noch jedenfalls.

Es bleibt meistens unerwähnt, dass auch Brasilien ein Rinderland ist. Touristen geraten beim »Churrasco« ins Schwärmen. Da wird dunkelrot glänzendes Rindfleisch über offenem Feuer an Spießen gegrillt. Die Kellner kommen damit an den Tisch, schneiden stattliche und schmackhafte Fleischbrocken ab und vermitteln den Gästen eine Lagerfeueratmosphäre.

Mit deutschen Minutensteaks hat dieses Essen ebenso wenig gemein wie die brasilianische Nationalmannschaft mit der von Luxemburg.

Brasilianische Jungen und Mädchen finden ideale Bedingungen, wenn sie ihre fußballerische Begabung testen wollen. Doch sind es oft nur ballähnliche Gebilde, hinter denen sie herlaufen. Richtige Bälle sind dem Fußballnachwuchs der Seleção zu teuer. Dribbelkünstler, allesamt. Und jeder möchte ein Pelé werden. Es macht richtig Spaß, ihnen zuzusehen. Noch lieber hätte ich mitgespielt. Und mich lächerlich gemacht.

Jeder hat auch seine besondere Art, Humor zu beweisen. In einer Schlangenfarm in São Paulo wurde mir ein Skorpion vor die Sportschuhe geworfen. Der Mann fand es sehr komisch, dass er mich so erschrecken konnte. Man muss sich auch an fremden Humor gewöhnen, und beim zweiten Skorpion habe ich mir nichts anmerken lassen.

Leider ist auch die Kriminalität geblieben, obwohl sie zur Weltmeisterschaft vermutlich massiv unterdrückt werden wird. Ein früherer ARD-Korrespondent hat sich ab und zu von seinem Job abgemeldet, weil er die Unsicherheit nicht mehr ertrug. Es geschah wirklich, dass er während eines Telefongesprächs rief: »Moment mal, ich muss unter den Tisch! Die schießen schon wieder!« Er trug immer einen 20-Dollar-Schein bei sich, damit die Gangster bei einem Überfall nicht enttäuscht sind. Das sollte sie dann milde gegenüber ihrem Opfer stimmen.

Eines Tages, so prophezeite er immer, werden die Armen von den Hügeln die Reichen in der Stadt überfallen. Aber das tun sie nicht, weil sie mit sich selbst so viel zu tun haben. Sie schießen sich nämlich auch gegenseitig tot. Die Hügel, auf denen die Armen wohnen, sind wegen der schönen Aussicht eigentlich die bessere Wohngegend – während sich die Reichen im schlechteren Teil der Stadt mit Privatarmeen zu schützen versuchen.

Die Geschichte mit unserem Korrespondenten ist gut 30 Jahre her. Und die allgegenwärtige Gewalt wird wohl nicht gerade zum großen Fußballfest eskalieren, das alle Brasilianer, ob arm oder reich, eint. Doch ist dies jederzeit möglich.

Kaum habe ich diese Sätze geschrieben, brennen in Rio de Janeiro und São Paulo die Straßen. Und im Zuge der Gewalt geraten sowohl die Fußballweltmeisterschaft 2014 als auch die Olympischen Spiele 2016 in die Kritik.

»Diese Großereignisse kosten viel zu viel Geld«, bemängeln die Kritiker. Und wenn man auf Südafrika sieht, die Stadionruinen der letzten Weltmeisterschaft vor Augen, so kann man die Kritiker durchaus verstehen. Vor allem, wenn man sich vor Augen führt, dass die entscheidenden Stimmen durch Bestechung gewonnen wurden. Die Korruption zerstört mit der Zeit alle Demokratien. Und sie wird auch bei den Fußballweltmeisterschaften die Menschen verärgern.

Brasilien gehört zu den sogenannten Schwellenländern und schwillt gewaltig. Es ist abzusehen, dass in naher Zukunft das Wirtschafts- und Wachstumsvolumen die deutschen Ergebnisse überholen wird. Italien hat das schon hinter sich. Die Lateinamerikaner versuchen es nicht mit Sparen. Aber noch glauben die Europäer offenbar, dass man von solchen politischen Nachwuchstalenten nichts lernen kann. Der Name des Landes ist so bescheiden wie seine Politik. Es lässt sich kein strahlender Eroberer finden, der Eduardo Brasilio hieß. Es gab zwar eine Urbevölkerung, aber noch weniger als in Nordamerika hat sie eine Bedeutung. Jeder, der nach Brasilien kam, mischte sich unter diejenigen, die bereits da waren. Der Staat förderte nicht die Abgrenzung, sondern die Integration. Das Ergebnis kann sich sehen lassen.

Sie haben auch ihre Sprache erhalten. Da nicht alles florieren kann, bleibt noch viel zu tun. Straßennetze, Flughäfen und Häfen müssen dringend renoviert, die Schlaglöcher in den Straßen gefüllt werden, bis beim Eröffnungsspiel am 12. Juni 2014 erstmals der Ball rollen wird.

(DT)

Sportsprache – Kühne Bilder voller Fantasie

Wir sind da einer Erklärung für Komik auf der Spur. Wenn etwas sehr Großes auf etwas sehr Kleines trifft, wirkt das in den meisten Fällen komisch. So ist es auch im Fußball.

Bei zu hohen Ansprüchen bei kleinen Möglichkeiten wird auch die Sportsprache plötzlich komisch.

Das Zusammentreffen zweier sehr unterschiedlicher Voraussetzungen macht die Komik geradezu unvermeidlich. Fußballjournalisten leben mit einer besonderen Sprache, die Gegenstände zu kühnen Bildern türmt. Da hat jemand einen Hammer im Bein, da ist ein anderer ein Flankengott. Da kann sich einer mit dem Fuß ein Herz nehmen. Wir finden Spieler, die eine linke Klebe haben oder nur einen rechten Fuß, was doch höchst erstaunlich ist.

Sie erfinden wie besessen Bilder und Arabesken, die Fußballberichterstatter. Aber sie schaffen auch manchmal neue Wörter, wie das Wort »aufstecken«, das es bis dahin in unserer Sprache nicht gab. Wir begegnen dem Neuwort aber fast nur negativ: Eine Mannschaft steckt nicht auf, das heißt, sie resigniert nicht, trotz aussichtsloser Lage. Wenn der Reporter sich bei einem 1:0 wundert, dass die Spieler nicht aufstecken, wird es komisch.

Darauf beruhen die Elefant-und-Maus-Witze. Zum Beispiel:

Die Mäusemannschaft spielt gegen eine Elefantenelf Fußball. Einer der Elefantenverteidiger haut mit seinem Fuß einen Mäusestürmer einen halben Meter tief in den Rasen. Es muss ein Bagger geholt werden, der die Maus endlich befreit. Der Elefant, der das Foul begangen hat, kann sich nicht beruhigen. Er ergeht sich in Selbstanklagen und sorgt sich um die Gesundheit der Maus.

Die aber kriecht auf den Rasen, schüttelt sich die Erde vom Trikot und sagt: »Das hätte mir ja auch passieren können!«

Über die Sportsprache sollte man jedoch nicht nur lächeln. Sie weist den Kenner als Mitglied einer Art Sekte aus. Auch wenn Sätze wie »Immer in Schönheit sterben, kann auf Dauer tödlich sein» ihre eigene Komik haben.

Die Sprache des Sports, speziell die des Fußballs, bietet uns immer neue Anregungen.

Wer lästert denn über den Jargon der Politiker? Wer redet über die Geheimsprache der Jäger, wenn sie einen Hasenschwanz als »Blume« bezeichnen? Wenn ein Auerhahn keine Beine, sondern »Ständer« hat, wenn der Fuß des Hirsches »Sohle« genannt wird. Und die Jäger benutzen die Sprache sogar elitär. Wer sie nicht beherrscht, ist kein Fachmann. Sport dagegen bleibt Sprache im Fluss. Spitzenleute lassen sich beflügeln durch Sätze wie: »Da nahm sich der junge Mann ein Herz mit dem linken Fuß.« Oder: »Er brach in der Mitte durch.«

Selten, aber doch eindrucksvoll gelingt einem Reporter dann eine wirklich aufregende, beinahe sprachschöpferisch wertvolle Formulierung wie: »Und so wurde der Ball mit dem Anstoß dahin geschossen, wo er am sichersten Entsetzen auslöst und Unheil anrichten kann, in die Füße des Gegners.«

Ein anderer Reporter befand beim Spiel Dänemark gegen Italien kurzerhand: »Das war ›abpfeifungswürdig‹!«

Ein Unglück ereignet sich, wenn mehr Platz für den Bericht vorhanden ist als Stoff, über den man berichten kann. Vor allem das Fernsehen setzt einen nicht zu stillenden Appetit der Zuschauer voraus. Journalisten liefern Storys über Storys. Wenn alles ausgelutscht ist, werden selbst nüchterne Kommentatoren zu hemmungslosen Fabulierern. Es ist der Versuch, Kleinkariertes auf eine große Fläche aufzutragen.

Oft werden Mannschaften auch Namen aus dem Tierreich oder der Farbenwelt gegeben:

Königsblaue, Fohlen, Löwen, Wölfe, Geißböcke, Zebras und Spatzen.

Wenn man Eishockey mit einbezieht, wird die Versammlung von Zootieren noch eindrucksvoller – ob man Eisbären, Haie oder Pinguine nimmt.

Ein Kuckuck fliegt weite Kreise an der Küste und gerät so auch über das Meer. Unten schwimmt ein Hai.
Der Hai ruft: »Kuckuck.«
Der Kuckuck ruft: »Hai.«

Ein Mann findet eines Morgens einen Pinguin in seinem Garten, der ihn zutraulich anguckt. Er hat sich offenbar durch einen defekten schwarz-weißen Fußball, der im Garten liegt, anlocken lassen, den er für einen Artgenossen hielt. Der Mann geht an seinen Kühlschrank und holt einen noch übrig gebliebenen Hering. Der Pinguin verputzt ihn genüsslich.
Was erst nur komisch schien, wird jetzt zum Problem. Was soll der Mann mit einem Pinguin machen?
Schließlich geht er mit dem Tier zur Polizei.
Die Beamten staunen nicht schlecht, wissen auch wenig Rat, empfehlen dem Mann jedoch am Ende, er solle doch mit dem Pinguin zum Zoo gehen. Dort sei man sicher auf so etwas vorbereitet.
Zwei Tage später sieht einer der Polizisten den Mann mit seinem Pinguin an einer Kreuzung stehen. Er geht zu ihm und sagt: »Sie haben den Pinguin ja immer noch!«
»Ja, was soll ich denn machen?«
Der Polizist: »Wir hatten Ihnen doch gesagt, Sie sollen damit zum Zoo gehen!«
»Wir waren schon dreimal im Zoo. Jetzt will ich mal ins Kino.«

Gleich neun Vereine haben bei der Namenswahl offenbar gleichzeitig »Hier« und »Erster« gerufen. Sie stehen mit

»1. FC« im Adressbuch, sind aber von den ersten Plätzen weit entfernt. Nur zwei Vereine haben es auf kurze Zeit geschafft. Die Bayern führen das FC im Namen, ohne dass sie damit eine Forderung verknüpfen, Borussia Dortmund geht auf alte Stammesnamen zurück. Das tun auch noch weniger erfolgreich die Alemannen und die Preußen.

(DT)

Politik – Showtime auf der Ehrentribüne

Wo Fußball draufsteht, muss auch Frauenfußball drin sein. Diese Lehre dürfte Bundeskanzlerin Angela Merkel bei der Bundestagswahl 2013 verinnerlicht haben. Kaum war die Fragerunde bei der ARD-Wahl-Arena eröffnet, setzte eine eingeladene Zuschauerin aus Bonn zur Attacke an.

Die Politikerin habe Urlaub gehabt, verfüge über eine Flugbereitschaft und habe trotzdem nicht beim WM-Endspiel der deutschen Frauennationalmannschaft in Norwegen live Flagge gezeigt. Das wäre doch ein Akt der Solidarität gewesen, zumal sie beim Männerfußball schon mehrmals bei wichtigen Begegnungen dabei gewesen sei.

Merkel entschuldigte sich, dass sie nicht auf die wenigen Tage Urlaub habe verzichten wollen – gelobte aber Besserung.

Angela Merkel ist auf dem Weg zur Ehrentribüne des Stadions und beobachtet, wie ein Fan stolpert und zu Boden stürzt. Sie hilft ihm auf die Beine und scherzt: »Dafür müssen Sie aber bei der nächsten Bundestagswahl die CDU wählen.«

Darauf der Fan: »Ich bin auf den Rücken und nicht auf den Kopf gefallen!«

Politik und Fußball – ein Thema, das für Politikerkarrieren immer wichtiger wird und so manche Abseitsfallen birgt.

Schon Exkanzler Gerhard Schröder hatte die Bedeutung des Fußballs erkannt und machte bei der WM 2002 sogar bei seinem Wahlparteitag eine Pause, um das Spiel seiner deutschen Jungs gegen Saudi-Arabien live mitzuerleben. Und Exbundeskanzler Helmut Kohl hatte den Ruf des Ranschmeißers: Wenn ihm die Fußballstars nicht rechtzeitig ausweichen konnten, riss er sie kraft Amt und Körpergewicht an seine Brust. So geschehen bei der Weltmeisterschaft1986 mit Karl-Heinz Rummenigge oder bei der WM 1990 mit Franz Beckenbauer.

Dabei sind die Besuche im Stadion für Politiker nicht immer reines Vergnügen. Während der EM 2008 reiste beispielsweise das halbe Merkel-Kabinett zum Vorrundenspiel gegen Österreich ins Wiener Ernst-Happel-Stadion. Kanzlerin Angela Merkel und fünf ihrer Minister, Franz Josef Jung (Verteidigung, CDU), Frank-Walter Steinmeier (Außenpolitik), Peer Steinbrück (Finanzen), Sigmar Gabriel (Umwelt) und Wolfgang Tiefensee (Verkehr) wurden gesichtet und sodann kritisch und öffentlich in den Medien befragt: Ein Trip nach Wien inklusive Stadionbesuch und Übernachtung – Lustreise oder Pflichttermin?

Auch ohne diese Seitenhiebe wird Fußball immer politischer. Experten sprechen bereits von einer Politisierung des Sports. Nicht nur, weil Politiker die Tribünenbilder beim Fußball zur Steigerung ihrer Popularität nutzen, sondern auch, weil auch Fragen etwa nach dem Demokratie-Status eines Austragungslandes immer heftiger diskutiert werden.

Im Vorfeld der Brasilien-WM 2014 überschatteten Diskussionen über die soziale Gerechtigkeit im Land zeitweise die Vorfreude auf das Weltereignis. Fußballidol Romário, Weltmeister von 1994 und heute Parlamentsabgeordneter, wetterte während des Confederations Cup über korrupte Politiker in seinem Land und bezeichnete die FIFA »als wahren Präsidenten des Landes«. Er kritisierte die Steuerbefreiung für den Fußball: »Die FIFA kommt in unser Land, errichtet einen Staat in unserem Staat … Sie kommen hierher, bauen den Zirkus auf, haben keine Auslagen und nehmen alles mit.«

Nicht zuletzt ist der Fußballsport ja auch eine Wirtschaftsmacht. Fußball funktioniere nicht losgelöst von ökonomischen Gesetzmäßigkeiten, keine andere Sportart habe sich in den letzten Jahren in einer derart engen Wechselbeziehung mit den Medien, mit Kommerz und Werbung entwickelt wie der Fußball, lässt uns die Landeszentrale für politische Bildung in Baden-Württemberg in einem *Fußball und Politik* betitelten Sonderheft wissen: »Die ›Geldmaschine‹ Fußball ist ein echter Wirtschaftsfaktor geworden. In den Anfangszeiten des bundesdeutschen Fußballs tummelten sich ›ehrliche‹ Amateure auf dem grünen Rasen. Inzwischen haben sich Profifußballer zu Privatunternehmern mit Managern und Beratern entwickelt. Werbebranche, Medien und Wirtschaft nutzen den Fußball als Instrument, um Botschaften und Produkte zu vermarkten.«

Nur gut, dass Fußball trotzdem noch so viel Spaß macht und wir auch über Politik und Geldgeschäfte rund um den goldenen Ball lachen können:

Barack Obama, Angela Merkel und Felix Magath dürfen Gott einen Tag lang alles fragen, was sie wollen. Barack Obama beginnt und fragt: »Gott, wann werden die Kriege in Irak und Afghanistan endlich aufhören?«

Gott: »In 70 Jahren.«
Obama: »Uninteressant, dann bin ich nicht mehr im Amt.«
Jetzt wird Angela Merkel neugierig: »Wann wird es in Deutschland keine Arbeitslosen mehr geben?«
Gott: »In 100 Jahren.«
Merkel: »Uninteressant, dann bin ich nicht mehr im Amt.«
Felix Magath: »Wann wird der FC Schalke 04 wieder deutscher Meister?«
Gott: »Uninteressant, dann bin ich nicht mehr im Amt.«

Zur WM 2006 versprach die Bundesregierung der FIFA Steuerbefreiung und verzichtete auf rund 250 Millionen Euro – und das bei einem FIFA-Umsatz von rund zwei Milliarden Euro. Ebenso viel Geld setzt die Bundesliga pro Saison um – davon profitieren nicht nur die millionenschweren Fußballspieler, sondern vor allem etliche Wirtschaftsunternehmen in den Bundesligastädten.

So kann man es durchaus als Zeichen der Dankbarkeit verstehen, wenn nicht nur Oberbürgermeister und Landespolitiker, sondern auch Bundestagsabgeordnete und Bundesminister durch ihre Anwesenheit bei wichtigen Spielen »Flagge zeigen«.

Für alle Politiker, die dem Ballspiel trotz aller Vorteile keinen Reiz abgewinnen können und ihre Nasen auf den Ehrentribünen der Stadien nicht in den Wind hängen, hat die Sportreporterlegende Manfred Breuckmann einen Trost parat: »Bei den Fans kommt ehrliches Desinteresse besser an als geheucheltes Interesse.«

(PJ)

Hintermänner – Jobs bei Bayer, Sportförderung beim Bund

Es wird Mode, große Vermögen in Fußballmannschaften zu investieren. Gazprom hat einen aufwendigen Sponsorenvertrag mit Schalke 04. Manchester United gehört milliardenschweren Aktionären, die sich – weniger sportlich – gegenseitig Anteile abjagen. In Deutschland ist Borussia Dortmund eine Aktiengesellschaft. Nur mit dem Abjagen war es bislang noch nicht so weit her. Das hat sich geändert, als die Borussia deutscher Meister wurde und inzwischen auch im internationalen Fußball eine glänzende Rolle spielt.

Gegeben, wenn auch in kleinerem Maßstab, hat es das immer schon. 1951 wurde Leverkusen Sechster in der Oberliga West, der damals höchsten Spielklasse. Die Spieler bekamen Jobs im Bayer-Werk, aber übten ihren Beruf nicht aus. Dies ist vergleichbar mit dem, was heute die Bundeswehr in puncto Sportförderung betreibt. Da kicken männliche und weibliche Feldwebel, denen die Armee Jobs gibt, damit sie Trainingsstunden haben. Die Teilnehmer am Biathlon sind dann eigentlich Gebirgsjäger.

Es soll auch schon damals finanzielle Belohnungen gegeben haben, und sei es, dass alle Spieler eine Anstellung im Bayer-Werk bekamen, dafür aber nichts tun mussten. Nur Fußball spielen.

Nach der Weltmeisterschaft 1954 war die Frage akut geworden, wie es denn bei uns um den geforderten Amateurstatus stehe. Das sogenannte Handgeld – beim Fußball stolpert man immer wieder über die Hand – und der Amateurstatus beherrschten damals die Sportdiskussion. Die Bayer-Elf hatte ja eben 1951 schon einmal am Lorbeer der höheren Ehren geschnuppert, als sie am Spielbetrieb der

Oberliga West, der damals höchsten deutschen Spielklasse, teilnehmen durfte.

Inzwischen muss man nicht mehr erklären, dass die »Werkself« zu den besten deutschen Mannschaften zählt. Und der Herr Hopp aus Hoffenheim hat bewiesen, dass man Jahr um Jahr in eine höhere Spielklasse aufsteigen kann. Wenn man es richtig anfängt, funktioniert das. Der Milliardär aus Hoffenheim hat vielleicht nur übersehen, dass es oben keine neue Liga mehr gibt. Außerdem geht es da inzwischen um Summen, bei denen selbst der fleißigste deutsche Millionär nicht mehr mithalten kann. Es sei denn, er könnte den Russen die Gas- und Öllager abkaufen.

(DT)

Gute Sprüche – Das nächste Spiel ist immer das nächste

Da ist er also wieder, der Werner Hansch. Als ich ihm zum ersten Mal begegnete, dominierte seine Stimme noch die Lautsprecher einer Pferderennbahn. Er war damals Stadionsprecher auf der Trabrennbahn in Gelsenkirchen. Seine Stimme war schon damals so unverwechselbar und herausragend, dass Dieter Thoma den Mann aus dem Ruhrgebiet gleich in sein WDR-Radio holte.

Seitdem ist Werner Hansch eine der großen Stimmen der deutschen Fußballberichterstattung. Einer seiner großen Sprüche hätte fast den Titel unseres Buches geschmückt, wenn uns andere Autoren nicht zuvorgekommen wären: »Wer hinten so offen ist, kann nicht ganz dicht sein.«

Der Fußballtrainer zum Rundfunkreporter: »Können Sie nicht etwas langsamer reden? Meine Jungs können nicht so schnell rennen, wie Sie sprechen!«

Andere Sportmoderatoren und -reporter ließen sich immer wieder schlaue Statements einfallen und schrieben allein dadurch Sportgeschichte.

»Auch größenmäßig ist es der größte Nachteil, dass die Torhüter in Japan nicht die Allergrößten sind«, erkannte Claus Lufen.

»Wenn man ihn jetzt ins kalte Wasser schmeißt, könnte er sich die Finger verbrennen«, mahnte Gerhard Delling.

»Wenn man Gelb hat und so reingeht, kann man nur wichtige Termine haben«, bemerkte Johannes B. Kerner hintersinnig.

»Wenn Sie dieses Spiel atemberaubend finden, haben Sie es an den Bronchien«, meckerte Marcel Reif.

Die Fußballgeschichte ist gut für schräge Sprüche, skurrile Geschichten und hervorragende Versprecher. Werner Hansch lieferte auch diese:

»Man kennt das doch: Der Trainer kann noch so viel warnen, aber im Kopf jedes Spielers sind 10 Prozent weniger vorhanden, und bei elf Mann sind das schon 110 Prozent.«

»Nein, liebe Zuschauer, das ist keine Zeitlupe, der läuft wirklich so langsam.«

Da kommt Freude auf – genauso wie bei diesem Gedankensplitter von Franz Beckenbauer:

»Es ist schon schön, dieser Mannschaft zuzuschauen. Es kommt bloß nix dabei raus.«

Aber nicht immer sind Sprüche oder Versprecher auch zum Lachen. Oh nein, wirklich nicht. Denken wir nur einmal an die Sportmoderatorin Carmen Thomas, die sich erst um den Sport und später um unseren Urin und seine Heilkräfte kümmerte. Nicht nur Profis winken jetzt ab und sagen: So ein alter Hut. Aber es muss sein. Der Vollständigkeit wegen, damit später niemand sagt, wir hätten den berühmtesten Versprecher der Nation unterschlagen:

»Schalke 05.«

Für Carmen Thomas, die als erste Frau das ZDF-Sportstudio moderierte und mit ihrem Zahlendreher bundesweit berühmt wurde, ist »Schalke 05« zu einer »unkaputtbaren Marke« geworden, wie es ein Zuschauer formulierte: »Wenn Sie es nicht selbst gesagt hätten, hätte es eine Werbeagentur für Sie erfinden müssen.«

Nicht weniger berühmt ist ein Statement des Münchner Trainers Giovanni Trapattoni, das bei dieser Gelegenheit auch noch schnell zum Besten gegeben werden soll – dann haben wir es hinter uns:

»Ich habe fertig.«

Diese kurze Bemerkung machte Trapattoni, der mit über zwanzig Titeln als einer der erfolgreichsten Trainer weltweit gilt, unsterblich. Der Weltmann mit dem Ehrentitel

»Maestro» schrieb mit drei Wörtern Fußballgeschichte, als er am 10. März 1998, zwei Tage nach einer 0:1-Niederlage seiner Münchner Mannschaft gegen den FC Schalke 04, in einer Pressekonferenz auftrat und seine Mannschaft kritisierte. Seine hochdramatische, in bestem Trapattoni-Idiom gehaltene Rede endete mit dem berühmt gewordenen Schlusssatz – hier noch einmal, weil es so schön ist:

»Ich habe fertig.«

Wutausbrüche haben ihren eigenen Klang und werden im Internet schnell verbreitet. Aber auch andere Bonmots finden sich im World Wide Web zu Hunderten. Gerne werden ja ironische Bemerkungen über Kollegen gemacht. So lästerte Mario Basler über den kahl geschorenen Glatzkopf von Christian Ziege: »Jetzt sieht er aus wie ein frisch lackierter Totalschaden.«

Norbert Nachtweih äußerte sich halb bewundernd, halb respektlos über Dieter Hoeneß: »Der springt so hoch; wenn der wieder runterkommt, liegt auf seiner Glatze Schnee.«

Bei Otto Pfisters Hinweis auf das Alter von Anthony Yeboah bleibt einem das Lachen im Hals stecken: »Da hilft nur Bein aufsägen und Jahresringe zählen.«

Mit markigen Sprüchen werden in der Sportwelt auch gerne Sachfragen diskutiert. So äußerte sich HSV-Torwart Frank Rost im September 2010 zur Deeskalationsstrategie der Hamburger Bundesligavereine im Vorfeld des Stadtderbys beim FC St. Pauli so: »Es hat nur noch gefehlt, dass wir in rosa Röckchen aufgelaufen wären.«

Rainer Bonhof bewies Fantasie, als er gefragt wurde, wie er verletzte Spieler zu ersetzen gedenke: »Sylvester Stallone und Arnold Schwarzenegger in der Abwehr, Bruce Willis im Mittelfeld und Jean-Claude Van Damme im Sturm.«

Mehmet Scholl wagte sich weit vor, als er kommentierte: »Ich hatte noch nie Streit mit meiner Frau. Bis auf das eine Mal, als sie mit aufs Hochzeitsfoto wollte.«

Otto Rehhagel war angesichts dieser Aussage fast zu bedauern: »Mit 50 bist du als Fußballtrainer reif für die Klapsmühle. Wenn du genug Geld verdient hast, kannst du wenigstens erster Klasse liegen.«

Das klingt fast so schön wie die Ausführungen von Pierre Littbarski: »In der ersten Halbzeit haben wir ganz gut gespielt, in der zweiten fehlte uns die Kontinu... äh, Kontuni... ach Scheißfremdwörter: Wir waren nicht beständig genug.«

Bedenkenswert ist auch die Feststellung von Aleksandar Ristić: »Wenn man ein 0:2 kassiert, dann ist ein 1:1 nicht mehr möglich.«

Präsident zum Trainer: »Wie war denn der neue Spieler beim Probetraining?«
»Dem gelang ein Sonntagsschuss nach dem anderen.«
»Und warum haben Sie ihn wieder weggeschickt?«
»Wir spielen doch immer samstags!«

In der Sportwelt gibt es ja viele Gelegenheiten, sich selbst abzuschießen oder einen Treffer gegen andere zu landen. Rudi Assauer, der sich leider viel zu früh aus unserer Welt des Sports verabschiedet und uns doch so viel gegeben hat, zu seinem geplanten Wechsel auf den Posten des Präsidenten im Sommer 2006: »Jetzt gibt es die übereinstimmende Meinung, dass ich keineswegs ein Präsident sein werde, der lediglich Grab- und Geburtstagsreden halten wird.«

Und das war auch gut so. Bei den offiziellen oder privaten Treffen in den Fußballvereinen wird ja viel gealbert, und es werden auch gern Anekdoten erzählt wie diese: »Da hat der

George Best über den Paul Gascoigne gesagt: Sein IQ ist geringer als seine Rückennummer. Da hat der Gascoigne erst mal gefragt, was IQ ist.«

(PJ)

Maskottchen – Gute Geschäfte mit tierisch viel Gefühl

Tiere sind seit Menschengedenken die treuen Begleiter des Menschen. Da ist es selbstverständlich, dass sie auch in etlichen Fußballvereinen eine Heimat gefunden haben. Legendär ist Hennes der Geißbock, das einzige tatsächlich lebende Maskottchen in der Bundesliga, beim 1. FC Köln. Den Glücksbringer gibt es in der Domstadt seit dem 13. Februar 1950, und die Bindung an ihn ist so stark, dass das Tier regelmäßig durch einen Nachfolger ersetzt wird, sobald der amtierende »Hennes« an Altersschwäche oder einer Krankheit stirbt. Als diese Zeilen geschrieben wurden, residierte in Köln noch Hennes der Achte.

Geburtshelferin des ersten Glücksbringers war die Zirkusdirektorin Carola Williams. Sie schenkte dem FC bei einer Karnevalssitzung den ersten, noch jungen Geißbock. Das Tier wurde nach dem Spielertrainer Hennes Weisweiler auf den Namen »Hennes« getauft – so wie in Mönchengladbach ein (nicht echtes) Fohlen um die Sympathie der Fans wiehert, das Jünter heißt, benannt nach Günter Netzer.

Die Maskottchen der Vereine, die meisten davon plüschig-bunte Tierfiguren, funktionieren vor allem als Sympathieträger. Denn der Mensch, der ein solches Maskottchen betrachtet, öffnet sein Herz und verliert den Verstand.

Manche behaupten auch, dass wir Menschen die Tierwelt so sehr mögen, weil wir selbst – wenngleich auch ganz besondere – Tiere sind. Der Schriftsteller Elias Canetti etwa stellte hintersinnig fest: »Immer wenn man ein Tier genau betrachtet, hat man das Gefühl, ein Mensch, der drinsitzt, macht sich über einen lustig.«

So empfindet sicher auch mancher, der dem Tier-Maskottchen eines Fußballvereins Auge in Auge gegenübersteht. Tiere, sofern es nicht gerade Raubtiere sind, stehen uns sehr nah, weil wir in ihnen eigene Eigenschaften wie Kraft, Schnelligkeit und Größe, aber auch die eigene Verletzlichkeit sehen. Tiere sind entweder Freunde oder Feinde. Tiere sind treu oder verlassen uns wie eine Katze, wenn sie ein besseres Zuhause gefunden hat. Tiere sind stark, ordnen sich aber auch dem Stärkeren unter. Tiere leben nicht, um zu arbeiten, sondern sie tun alles dafür, ohne große Anstrengung weiterleben zu können – und haben damit jenen Glückszustand erreicht, nach dem doch jeder Mensch, wenn er ehrlich ist, strebt.

»Ich bin doch ein Idealbild von einem Ehemann«, prahlt der Mann bei seinen Kollegen. »Ich trinke nicht, ich rauche nicht, ich habe keine anderen Frauen und keinen Hund. Ich gehe nicht zum Fußball und nicht in die Kneipe. Um acht Uhr liege ich im Bett, und schon im Morgengrauen stehe ich wieder auf, um meine Arbeit zu machen.«
Der Mann legt eine Pause ein, als wolle er die Wirkung seiner Ansprache abwarten. Dann springt er plötzlich auf und schreit: »Aber das sage ich euch: Das alles hört auf, wenn ich erst einmal aus diesem verdammten Knast wieder raus bin!«

Für den Philosophen Denis Diderot steht das Tier über der Pflanze und der Mensch über dem Tier – vor allem, weil er über die Sprache verfügt. Er schreibt in seiner berühmten *Encyclopédie*: »Eine Sprache setzt eine Folge von Gedanken voraus, und aus diesem Grund haben die Tiere keine Sprache. (…) Weil sie keine Ideenverbindungen schaffen können, können sie weder denken noch sprechen, und aus demselben Grund erfinden und vervollkommnen sie auch nichts.«

Doch auch Tiere haben Gefühle und Empfindungen, deshalb fühlen wir uns so stark mit ihnen verbunden. Nicht der Verstand, unser Herz spricht mit, wenn wir ein Tier sehen. Wir spüren: Da ist ein Wesen, das sich ganz und völlig unbekümmert der Lust an der eigenen Existenz hingibt.

Neben dem echten Tier ist da vor allem die Mensch gewordene Plüschwelt, die nicht nur die Kinder und Junggebliebenen anspricht und ihnen viel Spaß bereitet.

Bernie, das braunbärige Wesen, treibt beim FC Bayern München am Spielfeldrand seine Späße und kniet auch schon mal mit Mittelfeldstar Franck Ribéry auf dem grünen Rasen. In Freiburg gibt es das »Füchsle«. Biene Emma schmeichelt sich im Stadion von Borussia Dortmund in die Herzen der Zuschauer oder schmust mit Trainer Jürgen Klopp. Schalkes Knappe Erwin erinnert an die Bergbautradition des Ruhrgebiets, während der brasilianische Braunbär Hertinho von Hertha BSC eher als Diplomat unterwegs ist.

Oder auch mal als Einflüsterer: Als Hertha-Coach Huub Stevens einmal wegen Schiedsrichterbeleidigung vom DFB-Schiedsgericht bestraft und beim nächsten Spiel seiner Mannschaft von der Trainerbank verwiesen wurde, bediente sich der Holländer des Hertinho, um trotz Innenraumsperre seiner Mannschaft zur Seite zu stehen. Das Hertha-Maskottchen sprang während der Heimspiele auf der Laufbahn des

Olympiastadions herum und vermittelte taktische Anweisungen des Trainers.

Solche Sonderrollen sind anderen Maskottchen nicht gegeben. Sie sind einfach nur für den Spaß zuständig – und das ist ja auch schon eine ganze Menge Verantwortung für Hoffenheims Elch Hoffi, Dinosaurier Hermann vom Hamburger SV, Teufel Betzi vom 1. FC Kaiserslautern, Wolfsburgs Wölfe, Bayern Leverkusens Brian The Lion, VfB Stuttgarts Krokodil Fritzle oder für den Clown von Mainz 05. Und nicht zu vergessen: Das DFB-Maskottchen Paule der Nationalmannschaft.

Abgesehen davon, dass die bunte Tierwelt den Fans Spaß bereitet und für Stimmung am Spielfeldrand sorgt, haben wir es hier auch mit einem einträglichen Geschäft zu tun. Mit dem Verkauf der Maskottchen in den Fanshops fließt Geld in die Schatullen der Vereine und Wettbewerbsveranstalter. So wurde etwa zur Weltmeisterschaft 2006 mit dem WM-Maskottchen Goleo ein Umsatz von rund 17 Millionen Euro erzielt. Das sogenannte Merchandising, zu dem der Verkauf von Trikots, Schals oder Minimaskottchen gehört, spült den Vereinen ohnehin tierisch viel Geld in die Kassen. So erwirtschafteten die Erstligisten in der Spielzeit 2010/2011 damit rund 150 Millionen Euro. So sind die Tiere auch in der Fußballwelt, was sie schon immer für den Menschen waren: preiswerte Arbeitskräfte.

Ein Elefant und ein Pferd sitzen in der VIP-Lounge des Fußballstadions. Der Elefant knackt Nüsse. Sagt das Pferd: »Mein Herr, müssen Sie unbedingt während des Spiels Nüsse essen?«
Antwortet der Elefant: »Dürfen Pferde überhaupt ins Fußballstadion?«

Nicht immer steht der Fußball auf so gutem Fuß mit der Tierwelt, dass diese sogar auf der Tribüne Platz nehmen darf. Im Gegenteil. Manche Tiere, die etwa in Fußballwitzen auftauchen, wirken völlig deplatziert. Diese zum Beispiel:

Was unterscheidet einen Marienkäfer von Arminia Bielefeld? Der Marienkäfer hat mehr Punkte!

Welche Tiere können keine Tore schießen? Robben!

Da begibt sich der Witz in die Nähe der Rufschädigung. Mit manchen anderen Tieren stehen die Sportler auf Kriegsfuß, etwa wenn sie sich nicht für den Sport einfangen lassen, wie jene wild gewordenen Bienen, die sich beim Ligaspiel zwischen den Klubs Ponte Preta und Atlético Sorocaba in Brasilien auf einem Tor niedergelassen hatten. Sie konnten erst durch die Feuerwehr vertrieben werden.

Diese Szene erinnert natürlich an Torwartlegende Sepp Maier, der in den 70er-Jahren eine Ente einfangen wollte, die sich auf den Rasen verirrt hatte. Und unvergessen ist auch die Geschichte von San-Lorenzo-Verteidiger Gaston Aguirre, der im Stadion von Buenos Aires eine Taube mit dem Ball abschoss und so hart traf, dass das Tier verstarb. »Es war unglücklich. Ich habe den Ball getroffen und die arme Taube«, meinte Aguirre später. »Nun werde ich als der Fußballer in Erinnerung bleiben, der eine Taube tötete.«

Bleibt zum Schluss nur noch ein Hinweis auf jene komischen Vögel, die immer wieder einmal bei wichtigen Fußballspielen unvermittelt auftauchen und, wie etwa 1997 beim Bundesligaspiel zwischen Borussia Mönchengladbach und Arminia Bielefeld, den Spielbetrieb stören – die Flitzer. Sie irritieren gleichermaßen Mensch und Tier, wie dieser Witz belegt:

Zwei Elefanten gehen ins Fußballstadion und sehen zum ersten Mal einen nackten Mann, der über den Rasen flitzt. Sie schauen an ihm runter, schauen wieder hoch und gucken sich zweifelnd an: »Wie zum Teufel kriegt der sein Essen in den Mund?«

(PJ)

Göttliches – Der Fußball wie eine Monstranz

Der Fußball hat etwas Religiöses bekommen. Der Ball wird wie eine Monstranz aufs Spielfeld getragen.

Die Mehrzahl der Spieler wirft einen flehenden Blick zum Himmel. Beide Kapitäne bekreuzigen sich bei Betreten des Rasens. Sicher beten sie auch, dass der liebe Gott sie gewinnen lasse. Es ist ein und derselbe Gott, der jetzt von beiden Seiten zum Oberschiedsrichter ernannt wird.

Der Spielführer des Gelsenkirchener Favoriten kommt als Erster auf die Idee, dass Gott damit überfordert sein könnte. Er betet weiter: »Bitte hilf uns! Wenn das nicht geht, hilf wenigstens den Ärschen aus Stuttgart nicht mehr als uns, dann müssten wir eigentlich gewinnen.«

Wird im Himmel auch Fußball gespielt? Ich bin sicher, dass es so ist. Die nennen das nur »Erdball«.

Viele Vorgänge auf der Erde lassen sich nur so erklären: Der Erdball wird getreten, ist Spielball im Himmel.

Aus gewöhnlich gut unterrichteten Kreisen habe ich von einem Spiel Details erfahren:

Gottvater ist schon etwas müde. Es wurde viel Erdball gespielt. Auch Petrus ist mit von der Partie und auch sonst noch einige aus der himmlischen Hierarchie. Gottvater nimmt den Ball nahe der Mittellinie auf und drischt ihn vor das Tor der gegnerischen Mannschaft. Da kommt plötzlich ein Hase ins Spiel und verändert den Flug des Balles. Er fliegt im rechten Winkel auf die rechte Eckfahne zu, die ihn elastisch aufnimmt und aufs Spielfeld zurückbefördert. Dort hat sich neben dem Tor ein Maulwurf ausgegraben, der den Ball mit der Schnauze ins Tor befördert. Da knurrt Petrus laut: »Lieber Gott, wollen wir jetzt blödeln oder Ball spielen?«

Dass sich die Spieler im Gebet an den lieben Gott wenden, ändert nichts daran, dass sie so gut wie alle fürchterlich abergläubisch sind. Sie verscharren Hasenpfoten an einem Ort, der nicht weiter als elf Zentimeter vom Spielfeld entfernt sein darf. Beim Einlauf ihrer Mannschaft müssen sie stets eine bestimmte Reihenfolge einhalten. Sie dürfen in der letzten Viertelstunde mit keiner Frau mehr sprechen oder müssen gerade das tun.

Darauf angesprochen leugnen Abergläubische alles und erzählen die Geschichte vom Nobelpreisträger Nils Bohr, der die Kollegen auf sein Bauernhaus in Skandinavien eingeladen hatte.
Einer der Gäste entdeckte ein Hufeisen über der Tür.
»Ach, ja«, mokierte er sich, »an so was glauben Sie doch nicht wirklich.«
Nils Bohr entgegnete: »Natürlich nicht, aber es soll auch helfen, wenn man nicht dran glaubt.«

(DT)

Seien wir doch ehrlich: Am liebsten lachen wir, wenn ein Spieler der von uns gehassten gegnerischen Mannschaft einen total blöden Fehler macht. Im besten Fall ist es ein Eigentor, im schlechtesten ein versehentliches Handspiel, das vom Schiedsrichter bestraft wird.

Möglich wäre auch eine Variante, wie sie Blödel-Humorist Otto Waalkes eingefallen ist:

> Die Ostfriesen und die Bayern spielen Fußball. Da fährt ein Zug in der Nähe vorbei und pfeift. Die Ostfriesen denken, das Spiel ist zu Ende, und gehen nach Hause. (Pause) Eine halbe Stunde später fällt das erste Tor für die Bayern.

Dieser Gag ist besonders schön, weil er nicht wie gewohnt nur auf die Ostfriesen draufhaut, sondern auch den Münchner Stars eins unterjubelt. Ostfriesen sind ja ohnehin im Rampenlicht der Fußballarenen für jeden Witz gut:

> Warum spielen Ostfriesen bei jedem Fußballspiel nur eine Halbzeit lang? Weil sie nicht wissen, wie sie den Platz umdrehen sollen.

> Bei einem Fußballmatch rufen alle: »Noch ein Tor!«
> Fragt der Ostfriese erstaunt: »Wieso wollen die noch ein Tor. Da stehen doch zwei.«

Da ist echte Schadenfreude im Spiel. Also eine gewisse Leichtigkeit, die so lange bestehen bleibt, wie unsere Lieblingsmannschaft mit ein paar Punkten in Führung liegt.

Gute Witze sind in der Fußballwelt übrigens ebenso rar wie in Fernsehshows. Entertainer Harald Schmidt bildet da mit seiner Sendung eine Ausnahme – so platzierte er kürzlich dieses schöne Gedankenspiel:

Wie heißt der Strafraum noch?
A: Sechzehner, B: Zwanziger? Ich: Neuner

Vor allem lieben die Fans kurze Witze, die man sich mal schnell zwischen zwei spannenden Spielszenen erzählen kann. Diese zum Beispiel:

Stefan versagt bei Susanne auf ganzer Linie. Er murmelt zerknirscht: »Komisch, auf dem Fußballplatz bin ich immer in Hochform«.
»Gut«, sagt sie, »dann versuchen wir es morgen mal dort.«

In einem Geschäft. Kunde: »Ich hätte gerne eine Deutschlandflagge in Grün.«
Verkäufer: »Die gibt es nur in Schwarz-Rot-Gold!«
»Gut! Dann nehme ich eine in Gold.«

Zwei Rentner sitzen vor dem Fernseher und warten auf die Fußballübertragung. »Wer spielt denn heute?«, will der eine wissen. »Österreich – Ungarn«, sagt der andere. »Und gegen wen?«

Ich habe festgestellt, dass das Interesse an Fußball-Humor riesig ist. Mein Freund Jürgen Spreemann schrieb mir in einer E-Mail, nachdem ich ihm von unseren Buchplänen erzählte: »Ein Witzebuch über Fußball muss ich lesen – auch wenn ich gar keine Zeit habe.«

Jürgen verriet mir bei dieser Gelegenheit auch seine »schönste poetische Annäherung an den Fußball« – sie war dem unvergessenen Humoristen Heinz Erhardt geglückt:

> Beine rasen übern Rasen ohne Ziel. Und weil sie so rasen müssen, nennt man das ein Rasenspiel …

(PJ)

Doppelpack – Ein Wort voller Geheimnisse

Ein neues Modewort der Sportreporter ist »Doppelpack«. So nennen sie es, wenn einer der Spieler in einem Match zwei Tore schießt.

Keiner weiß genau, wo das Wort herkommt. Aber sie benutzen es alle. Ein Tor hat keinen besonderen Namen, drei Tore eines Spielers nennt man Hattrick, wenn sie hintereinander in einer Halbzeit fallen. Es wäre durchaus denkbar, dass drei Tore, die kein Hattrick sind, als Dreierpack bezeichnet werden. Dann hätte jedes Ergebnis einen Namen. Wir müssten allerdings aufpassen, dass nicht zu viele ausländische Bezeichnungen hineinkommen. Double ist ja schon ein Fremdwort. Und Hattrick auch.

Die Amerikaner könnten beantragen, dass ein 3:1 eine Triangel ist und das 1:3 eine Triade.

Die Chinesen könnten ein 0:0 eine Monotone nennen. Das Wort gibt es nicht, und eigentlich gibt es auch keinen Grund, es einzuführen.

Doppel stammt ja eigentlich aus dem Kneipenleben. Jemand bestellt einen doppelten Korn. An Doppelkopf könnte man sich auch erinnern, im Tennis gibt es ein Doppel, und beim Dart ist das Doppel ganz wichtig. Das sind jetzt aber erwünschte Ergebnisse, wenn man zu zweit spielen muss. Im Fußball ist kein Doppel vorgesehen. Das Wort Pack möchte man gar nicht mehr untersuchen. Pack schlägt sich und verträgt sich. In Düsseldorf wird alle drei Jahre die renommierte Messe »Interpack« veranstaltet, sie bietet jedoch keine unmittelbare Beziehung zum Torschuss. Denn im Spiel wird der Ball nicht verpackt, sondern möglichst umstandslos ins Tor befördert. Für Bindfaden und Geschenkpapier bleibt da keine Zeit.

Auch die Floskeln »in Augenhöhe« und »nachhaltig« sollte man abschaffen. Doch Letzteres würde schwerfallen, weil es eine so handliche Vokabel ist, die scheinbar auf alles passt. Der Skatspieler hält nach, wie viele Herz-Karten schon auf dem Tisch waren. Loriot hat die Spieler wundervoll dargestellt, wie sie noch Stunden darüber nachdenken können, was geschehen wäre, wenn der eine nicht das Herz-, sondern das Kreuz-Ass gezogen hätte. »In Augenhöhe« erübrigt sich vielleicht, wenn genügend Leute mit einem Krokodil oder Nashorn in Augenhöhe wach geworden sind. Irgendwann, wenn »Doppelpack« schon lange erledigt ist.

(DT)

»Im Training habe ich mal die Alkoholiker meiner Mannschaft gegen die Antialkoholiker spielen lassen. Die Alkoholiker gewannen 7:1. Da war's mir wurscht. Da hab i g'sagt: Sauft's weiter.«

Max Merkel

»Eigentlich bin ich ein Supertyp. Aber ich kann wohl auch ein richtiger Arsch sein.«

Mario Basler

»Wenn ich am Ende vorn stehe, können mich die Leute auch Arschloch nennen. Das ist mir egal.«

Matthias Sammer über seinen Spitznamen »Motzki«

3. Skandale und Affären

»Ich habe nur immer meine Finger in Wunden gelegt, die sonst unter den Tisch gekehrt worden wären.«

Paul Breitner

Fehlentscheidung – Als Frauenfußball noch schädlich war

In der Fußballwelt gibt es viele Fehlentscheidungen. Die meisten werden den Schiedsrichtern angelastet, eine der größten traf allerdings der Deutsche Fußball-Bund: »Im Kampf um den Ball verschwindet Anmut, Körper und Seele erleiden unweigerlich Schaden.«

So lautete die offizielle Begründung des DFB zum Verbot von Frauenfußball im Jahre 1955. Damit versuchte die damals vor Kraft strotzende Männerwelt das sogenannte schwache Geschlecht vom Spielfeld fernzuhalten – und der Witz erfand dazu sogar eine charmante Begründung:

Warum spielen nicht mehr Frauen Fußball?
Sie hassen es, wenn elf Frauen gleichzeitig die gleiche Kleidung tragen.

Ein echtes Foulspiel war der Hinweis des Psychologen F. J. J. Buytendijk in einer Studie: »Im Fußballspiel zeigt sich in spielender Form der Wert der männlichen Welt. Es ist noch nie gelungen, Frauen Fußball spielen zu lassen. Das Treten ist wohl spezifisch männlich. Ob darum getreten werden weiblich ist, lasse ich dahingestellt. Jedenfalls ist das Nichttreten weiblich.«

So kurz nach dem »Wunder von Bern« im Jahr 1954 stolperten die Männer von einem Fehlpass zum anderen – jedenfalls was die Argumentation gegen Frauen auf dem Fußballplatz betraf. Der damalige Präsident des Deutschen Fußball-Bundes, Dr. Peco Bauwens, hielt Damenfußball in Deutschland für völlig indiskutabel: »Wir werden uns mit dieser Angelegenheit nie ernsthaft beschäftigen. Das ist keine Sache für den DFB.«

Die Männerwelt war offensichtlich mehrheitlich der Meinung, dass sich Frauen besser um Familie und Fortpflanzung kümmern sollten – was auch dieser Witz aus vergangenen Tagen belegt:

In die Siegesfeier eines Fußballvereins platzt der Masseur mit der Nachricht: »Unser Mittelstürmer ist soeben Vater von Zwillingen geworden.«
Der Mannschaftskapitän ruft stolz aus: »Donnerwetter! Da ist ihm ja ein schöner Doppelpass gelungen.«
In diesem Augenblick kommt der Trainer in die Kabine: »Moment! Vergessen wir nicht die exzellente Vorarbeit unseres Liberos!«

Fortan entwickelte sich ein regelrechter Kampf zwischen den Geschlechtern auf dem Fußballfeld. Die Herrenmannschaften versuchten die Damenmannschaften aus den Stadien zu vertreiben. Sie intervenierten sogar beim Deutschen Städtetag und forderten die Kommunen auf, die Spielplätze für die Kickerinnen zu sperren. Doch das misslang, und die Frauen spielten, wo immer sich ein Feld anbot, weiter.

Treffen sich zwei Fußballfans.
Sagt der eine: »Meine Frau will sich scheiden lassen, wenn ich weiterhin auf den Fußballplatz gehe!«

Sagt der andere: »Das ist aber wirklich blöde!«
Sagt der eine: »Stimmt, ich werde sie wirklich vermissen!«

Glücklicherweise haben sich nicht nur die Damen, sondern später auch die Sportfunktionäre beim DFB nicht an die Vorgaben der Nachkriegszeit gehalten. 1970 hob der DFB das Verbot des Damenfußballs auf, und 60 000 Frauen und Mädchen konnten in Deutschland offiziell dem Ball hinterherrennen. Doch es sollte noch bis 1986 dauern, bis sich der DFB entschloss, eine Bundesliga für Frauen einzuführen.

Seitdem machten die Frauen auf den Fußballfeldern in Deutschland rasant Karriere – und nicht nur dort. Die Damen entwickelten Weltniveau. So war es möglich, dass ein Sportreporter 2013 zur Europameisterschaft der Frauen schreiben konnte: »Sie fielen sich in die Arme, rannten wie wild umher und kreischten vor Freude.«

Die Mittelstürmerin hat sich den Ball erobert. Kurz vor dem Strafraum wird sie durch eine Gegnerin gefoult und gestoppt. »Die Arme«, ruft eine Frau.
»Und erst die Beine«, sagt der Mann neben ihr.

So etwas würden Sportreporter selbstverständlich nicht über Männerfußball schreiben, aber immerhin fand der Sieg der deutschen Frauennationalmannschaft bei beiden Geschlechtern weltweit Beachtung und Beifall. Im Juli 2013 wurden die deutschen Frauen durch einen 1:0-Finalsieg gegen Norwegen Europameister. Nach den gewonnenen Weltmeistertiteln von 2003 und 2007 war es der achte EM-Titelgewinn der deutschen Mannschaft – unser Frauenfußball ist eben Weltklasse.

(PJ)

Was wäre der Fußballsport ohne seine Skandale – und derer gibt es viele. Denken wir nur an Effenbergs Stinkefinger. WM 1994. Als Stefan Effenberg seinen Frust über die Reaktionen der unzufriedenen deutschen Fans beim Vorrundenabschluss gegen Südkorea rausließ. Er streckte seinen dadurch weltberühmt gewordenen Mittelfinger in die Luft und wurde von Nationaltrainer Berti Vogts nach Hause geschickt.

Das war die richtige Reaktion. Denn strafrechtlich erfüllt der Finger sogar den Tatbestand der Beleidigung nach § 185 StGB – Tausende Fans hätten also gegen den Fußballstar wegen Beleidigung klagen können. Scherz beiseite, auch wenn schon Madonna, Silvio Berlusconi oder Johnny Cash der Welt ihren frechen Mittelfinger gezeigt haben – so etwas geht gar nicht.

Möglicherweise hat ja der ehemalige SPD-Bundeskanzlerkandidat Peer Steinbrück genau *daran* gedacht, nämlich große Schlagzeilen zu produzieren, als er in der Endphase des Wahlkampfs 2013 dem Fotografen des *SZ-Magazins* seinen Stinkefinger zeigte und damit auf der Titelseite landete. Die Frage, die den Politiker zu dieser Geste provozierte, lautete: »Pannen-Peer, Problem-Peer, Peerlusconi – um nette Spitznamen müssen Sie sich keine Sorgen machen, oder?«

Mit diesen beiden Beispielen ist auch gleich gesagt, was manche schon immer vermutet haben: Fußball und Politik haben in Sachen Skandale viel gemeinsam, und im Austeilen sind beide Berufsgruppen gleich, auch wenn es auf dem Sportplatz gelegentlich auch körperlich hart zur Sache geht. Ob es um falsches Benehmen, Verunglimpfung des Gegners, Korruption, Fehlentscheidungen oder Foulspiele geht – Politiker und Fußballer stehen sich da in nichts nach.

Und auch die Fans bieten immer wieder Grund zur Aufregung – auf die rechtsradikalen Trommler muss man dabei gar nicht erst eingehen. Dosenwerfen wird es garantiert nie zu einer sportlichen Disziplin schaffen, trotzdem üben sich Fußballfans immer wieder in diesem Wettkrampf.

Einer der berühmtesten Dosenwürfe fand am 20. Oktober 1971 statt. Eine Cola-Dose traf den Inter-Mailand-Stürmer Roberto Boninsegna beim Spiel in Mönchengladbach. Der stürzte wie von einem Hammer getroffen zu Boden und wurde wie ein Halbtoter vom Platz getragen. Der holländische Schiedsrichter Jef Dorpmans brach das Spiel daraufhin ab und ging in seine Kabine. Doch auf Anraten eines Kriminalbeamten, der auf die Unruhe unter den rund 8000 Italienern verwies, ließ er schließlich weiterspielen, und die Borussia gewann mit 7:1. Der damals verhaftete deutsche Tatverdächtige behauptet bis heute, die Dose nicht geworfen zu haben. Das Rückspiel verlor die Borussia übrigens mit 2:4, das Hinspiel wurde annulliert und auf neutralem Boden wiederholt. Nach einem 0:0 in Berlin schieden die Gladbacher aus. Immerhin, vierzig Jahre später gab der holländische Referee die Dose zurück – sie befindet sich heute im Borussia-Museum.

Ist Fußball eine so ernste Sache, dass es zu solchen Ausschreitungen und Skandalen kommen muss?

Aber klar! Der Fußball kennt weltweit die größten und schönsten Skandale. Allein in Deutschland verfügen wir über endlose Listen. Kleine und große. Wir leben in einer Welt voller Skandale und ergötzen uns an ihnen.

Erst recht, wenn wir dabei auch noch so richtig was zu lachen haben. Beispielsweise beim berühmtesten Torbruch der Bundesliga. Am 3. April 1971 brach auf dem Bökelberg ein Holztor mitten im Spiel und kostete Borussia Mönchengladbach letztlich den Sieg, aber beinahe auch die ganze Meisterschaft.

> Nach der erneuten Niederlage macht der Trainer mit seiner Mannschaft einen Stadionrundgang.
> »So, Jungs«, sagt er, »wo die Fotografen und die Fernsehkameras sind, wisst ihr ja. Und nun zeige ich euch noch, wo die Tore stehen.«

Der DFB wertete nämlich drei Wochen nach dem Torbruch das Spiel mit 2:0 für Werder, und die Borussia musste eine Geldstrafe in Höhe von 1500 D-Mark zahlen. »Ein Bundesligaklub ist eben kein Dorfverein«, hieß es in der Begründung. Ein solcher Verein müsse dafür sorgen, dass ein Tor nicht zusammenbricht.

Das Holztor war direkt über Herbert Laumen, Stürmer von Borussia Mönchengladbach, zusammengebrochen, nachdem er infolge eines missglückten Kopfballversuchs mit viel Schwung im Netz gelandet war. »Ich bin sofort in Deckung gegangen. Zum Glück hat die Latte mich nicht erwischt.«

Beim Spielstand von 1:1 wurde noch versucht, das Tor zu reparieren. Vergeblich. Schließlich folgte Schiedsrichter Gerd Meuser der »Empfehlung« von Günter Netzer: »Da ist nichts zu machen, brechen Sie ab.«

Dass der DFB das 1:1 ein paar Wochen später in ein 2:0 für Werder umwandelte, empfanden viele als Skandal. Doch: Wann ist ein Skandal wirklich ein Skandal?

Skandale legen die Schwachpunkte von Menschen wie Institutionen bloß. Es gibt skandalöse Ereignisse und Taten, Gesten und Feststellungen. Es sind Verletzungen des guten Geschmacks, empörende Regelwidrigkeiten, Gesetzüberschreitungen. Ein Skandal ist ein herzhaft Süppchen aus

Gut und Böse, das vielen gut schmeckt, weil andere darin ein Haar oder es versalzen finden.

Mal geht es um mehr Geld, mal um verletzte Eitelkeiten oder eine angeschlagene Ehre. Mal geht es um eine verkehrte Familienplanung, mal schlicht um Leidenschaft.

Man hat das Gefühl, Menschen benötigen Skandale wie ihr täglich Brot. Der Vorteil: Beim großen Fußball – wie auch in der Politik – sind die kleinen Leute selten direkt betroffen. Sie sind die Guten und dazu noch dank der Medien gut informierte Zaungäste.

Etwa bei der Spuckattacke von Frank Rijkaard gegen Rudi Völler bei der WM 1990. Sie hängt dem Deutschen noch immer an, obwohl er doch nur das Opfer war. Auch wenn es nicht wehgetan hat – wer angespuckt wird, ist oft auch der Blamierte, weil ein Mann mit Spucke am Körper wahrlich belämmert aussieht.

Es war jedenfalls beim WM-Achtelfinale in Mailand, als die Rivalen Deutschland und Niederlande sich wieder einmal kraftstrotzend gegenüberstanden. In der 22. Spielminute passierte es dann: Rijkaard foult Völler, und Schiedsrichter Juan Carlos Loustau notiert die gelbe Karte für den Holländer. Der dachte wenige Sekunden später, der Schiedsrichter könne ihn nicht sehen, und spuckt dem deutschen Spieler ins lockige Haar.

Mit der Hassliebe zwischen Deutschen und Holländern hat auch folgender Witz zu tun:

Klinsmann und seine Spieler unterhalten sich vor einem Match gegen die Holländer in der Umkleidekabine. »Hört zu, Jungs, ich weiß, die Holländer sind schlecht«, erklärt Klinsi. »Aber wir müssen gegen sie spielen, um die UEFA glücklich zu machen.«

»Ich mach euch einen Vorschlag«, sagt Oliver Kahn. »Ihr

geht alle in eine Bar, und ich spiele allein gegen sie. Was meint ihr dazu?«

»Klingt vernünftig«, antwortet der Teamchef. Daraufhin gehen er und die anderen Spieler in eine Bar auf ein Bier und spielen Billard. Nach gut einer Stunde erinnert sich Mehmet Scholl, dass ja das Spiel läuft, und schaltet den Fernseher an: »Deutschland 1 (Kahn 10. Min.) – Holland 0«, zeigt die Anzeigetafel. Zufrieden widmen sie sich wieder ihrem Billardspiel und dem Bier für eine weitere Stunde, bevor sie sich das Endresultat betrachten. Die Anzeigetafel zeigt: »Deutschland 1 (Kahn 10. Min.) – Holland 1 (Davids 89. Min.)«

»Scheiße!«, schreien alle Spieler und rennen entsetzt ins Stadion zurück, wo sie Oliver Kahn in der Garderobe sitzen sehen, das Gesicht in den Händen vergraben.

»Was zum Teufel ist passiert, Olli?«, fragt Jürgen Klinsmann.

»Sorry, Freunde«, antwortet Kahn, »aber dieser verdammte Schiedsrichter hat mich in der 11. Minute vom Platz gestellt.«

Häufig sind Skandale übrigens privater Natur, nur gelegentlich berühren sie die Belange von Vereinen oder gar des Weltfußballs. So geschehen in den Anfangsjahren von Franz Beckenbauer als Nationaltrainer bei der Weltmeisterschaft 1986 in Mexiko. Angeblich bezeichnete ihn damals Ersatztorwart Uli Stein mit Blick auf dessen Suppenwerbung in den 1960er-Jahren als »Suppenkasper«. Daraufhin warf DFB-Präsident Hermann Neuberger den Lästerer aus der Mannschaft. Gegen die Behauptung, dass er die Nationalmannschaft als »Gurkentruppe« bezeichnet habe, wehrte sich Uli Stein damals – das wäre Matthias Herget gewesen.

Über manche Skandale schmunzeln wir, über andere ärgern wir uns grün und blau. Für den großen Humoristen Karl Kraus begann der Skandal, wenn die Polizei ihm ein Ende macht. Was beim Fußballwettskandal 2005 der Fall war.

Es handelte sich um einen sogenannten Korruptionsskandal. Politiker haben ja praktisch ein Abonnement auf Korruption. Schiedsrichter sind dafür erst so richtig berühmt geworden, seit 2005 bekannt wurde, dass Fußballspiele im großen Stil von Spielern, Trainern, Schiedsrichtern und Funktionären manipuliert worden sind. Einer der Hauptakteure war der ehemalige Fußballschiedsrichter Robert Hoyzer. Er gestand damals, Spiele der 2. Fußball-Bundesliga, des DFB-Pokals und der Fußball-Regionalliga so manipuliert zu haben, dass Spielergebnisse zustande kamen, auf die zuvor gewettet worden war.

Zwei Schiedsrichter treffen sich in der Umkleidekabine.
Sagt der eine: »Es gibt natürlich viele Wege, um an Geld zu kommen, aber nur einen einzigen, der anständig ist.«
»Und der wäre?«, fragt der andere.
»Ich habe mir gleich gedacht, dass Sie den nicht kennen.«

Der Teufel besucht Petrus und fragt ihn, ob man nicht mal ein Fußballspiel »Himmel gegen Hölle« machen könnte.
Petrus hat dafür nur ein Lächeln übrig: »Glaubt ihr, dass ihr auch nur die geringste Chance habt? Sämtliche guten Fußballspieler sind im Himmel: Pelé, Beckenbauer, Charlton, Di Stéfano, Müller, Maradona …«
Der Teufel lächelt: »Macht nichts, denn WIR haben alle Schiedsrichter.«

Ein Trost vielleicht für alle, die sich jetzt gerne über Hoyzer & Co aufregen: Jeder Mensch ist ein potenzieller Betrüger. Jedenfalls behauptet das Psychologe Nick Chater von der englischen University of Warwick. In seiner Forschungsreihe »Human Zoo« brachte er bislang harmlose Studenten dazu, bei einem Wissenstest massenhaft zu schummeln – er ließ ihnen angeblich versehentlich die Lösungen vorab zukommen. Bei einem zweiten Versuch mit seinen Studenten ging es um Geld. Auch da kam es zum Massenbetrug, was den Wissenschaftler zu der Erkenntnis brachte: Der Weg der Betrügerei ist leicht zu beschreiten und schwer wieder zu verlassen. Die eigenen, sogenannten kleinen Schummeleien scheinen den Tätern selbst menschlich und entschuldbar. Als Beobachter sieht man dann klarer und macht aus der Tat das, was sie letztlich ist: Betrug.

Bleibt die Frage, warum sich unsere Aufmerksamkeit bei einem Skandal erhöht, warum wir sofort unsere Ohren spitzen. Einfach ausgedrückt: weil die Menschen Skandale so mögen. Weil sie dadurch spannende Themen haben, über die es sich zu reden und aufzuregen lohnt. Weil man auf andere mit dem Finger zeigen, sich selbst als Guten und den anderen als Bösen hinstellen kann.

(PJ)

Einwürfe – Skandale und Affären

»Was Sie hier auf dem Rasen sehen, kostet viele, viele, viele Millionen Geld, wenn man diese Spieler kauft.«
Waldemar Hartmann

»Vieles, was darin geschrieben wurde, ist auch wahr.«
Werner Lorant über sein Buch Eine beinharte Story

»Es ist nicht immer alles wahr, was stimmt.«
Stefan Wessels zu den Wechselgerüchten um Lukas Podolski

»Das System Blatter läuft wie geschmiert.«
Jens Weinreich

»Ich habe Thorsten Fink nicht beleidigt. Ich habe ihm nur gesagt, dass er die Fresse halten und auf seinen Platz zurückgehen soll.«
Uwe Wolf

»Man hetzt die Leute auf mit Tatsachen, die nicht der Wahrheit entsprechen.«
Toni Polster

4. Heldinnen und Verehrer

»Wir spielen am besten, wenn kein Gegner da ist.«
Otto Rehhagel

Helden – Unsterblichkeit im Fußballerhimmel

Brauchen wir mehr Helden? Aber nein, wir haben doch genug davon. An die vermeintlichen der vergangenen Kriege möchten wir hier nicht erinnern, wohl aber an die auf dem Fußballplatz.

Das Zeitalter der Fußballhelden begann im Deutschland der Nachkriegszeit mit dem Weltmeistertitel 1954 in Bern. Das war nicht nur ein Sieg unter Sportsfreunden – das war Kraftfutter für die ganze Nation.

Deutschland war wieder wer und besaß nun gleich eine ganze Mannschaft, bestehend aus lauter Helden, die Toni Turek, Fritz Walter oder Helmut Rahn hießen.

Nun könnten wir hier – ausgehend von diesem Ereignis – eine Liste der Helden am Ball veröffentlichen. Es gibt aber einen, der gern vergessen wird und an den wir daher besonders erinnern möchten. Er ist sozusagen der erste Held der deutschen Fußballgeschichte: Konrad Koch.

Ihm haben wir es zu verdanken, dass das Fußballspielen in Deutschland überhaupt Fuß fassen konnte.

Damals, 1874, hatte sich Turnvater Friedrich Ludwig Jahn bereits in den Schulen und beim Militär mit seinen nur allzu bekannten Leibesübungen durchgesetzt. Der große Düsseldorfer Dichter Heinrich Heine hat über den Sportsmann und seinen Einfluss auf Politik und Gesellschaft ironisch angemerkt: »Wer nur im Mindesten etwas gegen Jahn oder überhaupt gegen altdeutsche Lächerlichkeiten geschrieben hatte, konnte sich auf den Tod gefasst machen, und zwar auf den Tod durchs Beil, nicht durch die Guillotine, obgleich diese ursprünglich eine deutsche Erfindung und schon im Mittelalter bekannt war, unter dem Namen ›die welsche Falle‹«.

Koch, Lehrer an einem Braunschweiger Gymnasium, bekämpfte den damals um sich greifenden Bewegungsmangel der Jugend mit einem neuen Sport aus England: »Beim Fußballspiel findet unsere deutsche, des frischen Spiels im Freien entwöhnte Jugend am schnellsten ihre verlorene Spiellust wieder.«

Er schrieb 1875 ein erstes Fußball-Regelwerk, gründete am Martino-Katharineum den ersten deutschen Fußballverein und führte dabei auch das Abseits, die Halbzeit und den Eckball ein.

Schon deshalb ist Konrad Koch unser wichtigster Fußballheld, denn das Abseits beschert uns bis heute tausendfache Gründe zum Ärgern, die Halbzeit verhilft dem Fernsehen zu lukrativen Werbeminuten, und der Eckball führt dazu, dass vor allem kurz vor dem Schlusspfiff ein lahmes Spiel noch einmal so richtig spannend werden kann.

Doch nun zurück zu den anderen Fußballhelden dieses und des vergangenen Jahrhunderts. Was macht eigentlich die Helden auf dem Fußballfeld aus? Was besitzen sie, was andere nicht haben? Was können sie, zu dem andere nicht fähig sind?

»Leben, Unglück, Einsamkeit, Verlassenheit und Armut sind Schlachtfelder, die eigene Helden hervorbringen, unbekannte Helden, aber manchmal bedeutendere als die berühmten Helden«, sagte einst der Schriftsteller Victor Hugo.

Den Erkenntnissen des berühmten Autors von gestern stehen die Interpretationen des heutigen Internet-Zeitalters gegenüber. Dort gibt es sogar einen eigenen Heldenhimmel namens fußball-helden.com und »bringt dir die Helden des Fußballs näher!«, wie es auf der Homepage heißt. »Wir erzählen euch die Geschichten der größten Legenden des Leders. Schwarze Panther, Ballkünstler und Lichtgestalten, aber auch Playboys, Drogeneskapaden und Frauengeschichten, all das sind die Geschichten der Fußball-Helden, der besten und kultigsten Fußballer aller Zeiten«.

Medien wie Fans sind sich meist einig, wenn es um die Heldenverehrung geht. Sie haben die Namen parat, die aus dem exklusiven Kreis der Weltklassespieler noch eine Stufe herausragen: Sie heißen Pelé alias Edson Arantes do Nascimento, Eusébio da Silva Ferreira, Bert Trautmann, Johan Cruyff, George Best, Michel Platini, Franz Beckenbauer, Günter Netzer, Diego Maradona, Paul Breitner, Uwe Seeler oder Gerd Müller, um nur einige Namen zu nennen.

Die Menschen lieben diese Vorbilder. Sie sind geradezu süchtig nach ihnen, stehen an den Trainingsplätzen und auf den Tribünen und jubeln ihren Helden selbst dann zu, wenn diese keine Leistung bringen – oder gar die falsche:

> Frohes Ereignis im Fußballverein – der Mittelstürmer hat Nachwuchs bekommen. Bei der feierlichen Taufe gleitet dem Pfarrer am Taufbecken das Kind aus der Hand. Doch der Torwart, der als Pate danebensteht, reagiert blitzschnell, hechtet und fängt das Baby kurz vor dem harten Marmorboden auf. Im Kirchenschiff kommt Applaus auf wegen der tollen Reaktionsfähigkeit des Torwarts. Dieser tippt zweimal auf und schlägt weit ab …

Heldenverehrung hat es schon immer gegeben. Im alten Rom ebenso wie im frühen Athen. Helden besitzen all das, was wir nicht haben: Stärke, Anerkennung, Reichtum und Ansehen. Helden haben die Größe, wie wir sie für uns selbst erträumen.

Die meisten Menschen werden selbst nie Heldenstatus erreichen, aber dank ihrer Verehrung haben sie ein wenig das Gefühl, im Schatten des Heldenhaften selbst zu wachsen. So werden die Fußballhelden schließlich zu Vorbildern für unser Streben, für unser persönliches kleines Glück.

Warum eigentlich Paul Breitner, mag sich nun mancher fragen? Man kennt ihn ja heute nur noch aus kurzen Fernseheinblendungen, wenn er die Ruhmestaten von Neuer, Lahm oder Ribéry kommentiert, jener Spieler also, die beim FC Bayern seine Heldennachfolge angetreten haben.

Paul Breitner hat seine Unsterblichkeit im Fußballerhimmel seinem eigenen Können und dem brasilianischen Fußballstar Pelé zu verdanken. Dieser setzte den Sportler, der für seinen Trainingsfleiß und sein gewaltiges Talent berühmt war, im Jahr 2004 auf die Liste der 125 besten, noch lebenden Fußballspieler. Das war gut 20 Jahre, nachdem er abgedankt hatte – nach 285 Bundesligaspielen und 93 Toren.

An Selbstbewusstsein hat es Breitner übrigens nie gemangelt. Wenn er seiner Heldentaten auf dem Rasen müde war, konnte er dem Unparteiischen schon mal eine klare Anweisung geben: »Schiri, pfeif ab. I mog nimmer.«

(PJ)

Abschied – Uwe, der deutsche Fußballer schlechthin

Nach dem berühmten Kopfball im Aztekenstadion zu Mexiko wurde lange darüber geredet, wann Uwe aufhört. Schließlich hörte er auf; es war 1972 darüber geworden.

Fußballern ergeht es wie Models, sie müssen ihre Karriere in jungen Jahren schon abbrechen. Was dann ein Fußballer fühlt, was eine ganze Nation fühlt, habe ich damals versucht, in folgende Worte zu fassen:

»Ein Oberamtsrichter sagte, als er das Urteil gegen einen Automatenknacker verkündete: ›Nehmen Sie sich ein Beispiel an Uwe Seeler!‹«

Der Theologe Professor Thielicke schrieb einen offenen Brief, in dem er Heimattreue, hehren Sinn und Lauterkeit des Fußballers pries und Seeler ein Leitbild für die Jugend nannte.

»Abschiedsschmerz, Freude, Rührung und Stolz lagen über den 69 000 im Nürnberger Stadion«, so formulierte es heute ein Chefredakteur, der das alles gestern Abend dort liegen gesehen hat. Zum Abschied von Uwe. Uwe Seeler. Uns Uwe. »Sagt Mutter, 's ist Uwe«, heißt es in einem Gedicht von Otto Ernst. Er muss es geahnt haben.

Uwe, das ist der deutsche Fußball schlechthin. Oder guthin. »Uwe, Uwe!« wurde zum Schlachtruf der deutschen Fußballzuschauer.

Keiner weiß, was man künftig schreien soll.

Uwe Seeler war der deutsche Spieler, der einem Millionenangebot ausländischer Werber widerstand und im Lande blieb. Er wurde ein Nationalheld. Wenn man hierzulande dafür gesorgt hatte, dass er per Saldo nicht schlechter verdiente als in Italien, so war das nur gerecht.

Uwe war verwundbar, genau dort, wo es auch Achill war. Doch was jenen in der Antike hinscheiden ließ, überwand der Deutsche. Er stürmte zu neuem Ruhm, als alle in ihm einen Invaliden sahen.

Das ist Uwe. Ein deutsches Idol. Er hat ein mit Schmiedeeisen geschmücktes Haus, fährt Mercedes und macht Urlaub an der Nordsee. Fühlt sich nur wohl, wenn er auch viel arbeitet. Besitzt einen Schäferhund und drei Töchter. Gilt als konservativ, trägt keine langen Haare, schon notgedrungen, und führt, so scheint es, eine glückliche Ehe. Hybris und Selbstüberschätzung, die Millionenumsatz und Fanatismus in einen Sport bringen, konnten ihm offenbar nie etwas anhaben.

Bessere Voraussetzungen kann es gar nicht geben, wenn die Bundesrepublik zum ersten Mal ihr großes Verdienstkreuz an einen Sportler hängt. Auch wenn manche fragen werden, ob das alles denn Verdienste seien. Aber da sind wir ja ohnehin bei einer schwierigen Frage: Wie viele Orden werden denn wirklich für ein Verdienst vergeben? François-Poncet sagte: »Den ersten Orden bekommt man, weil man noch keinen hat, alle weiteren, weil man schon einen besitzt.« Man kennt den Satz, dass Orden erdient, erdienert oder erdiniert würden. Oder auch einfach ersessen.

Das trifft hier gewiss nicht zu. In Uwes Fall wurde er buchstäblich »erschossen«.

Keiner schoss so viele und so schöne Tore wie er, versichern die Kenner. Er schoss sie für Deutschland.

Als Träger jenes kleinen Großen Kreuzes von sechzig Millimetern Durchmesser, das eine Spezialfabrik in Pforzheim herstellt, ist Uwe ein Sonderfall. Es heißt in den Richtlinien, dass Ordensträger mindestens vierzig Jahre alt sein müssen und eine untere Stufe des Ordens schon besitzen sollten, ehe eine höhere verliehen werden kann. Der Bundespräsident kann jedoch Ausnahmen machen, wie es in diesem Fall geschehen ist. Ausnahme war auch, dass man das gute Stück auf ein Sporttrikot und nicht auf einen Smoking legte. Es galt als Ehrenkleid.

Der Minister Horst Ehmke sollte 1969 das Bundesverdienstkreuz bekommen. Er ließ wissen, man möge das nicht tun, er fühle sich noch nicht im ordensfähigen Alter. Uwe ist es. Aber für einen Fußballer ist das schon Lebensabend, wenn Fußball das Leben ist.

Und wer zweifelt daran? So wird er seinen Orden gegen Hamburger Tradition neben die Känguruschuhe legen, die für seinen Torschuss spezialgefertigt wurden, wenn er diese auch im Verein endgültig auszieht. Es ist eine seltsame und mit mancherlei Assoziationen verbundene Rührung, die einen befällt, wenn jemand endgültig die Schuhe auszieht.

Abgesehen von allem anderen – das letzte Lebewohl mit dem kleinen Zeh gewunken, die Wade, die so vielen Gegnern die Stirn bot, die Achillesferse, die ihr Troja in Mexiko hatte.

Man neigt dazu, ironisch zu spötteln, wenn ein Fußballer, und vor allem einer, der eigentlich dem typischen deutschen Kleinbürgeridol entspricht, einen hohen Orden bekommt, der – nach Theodor Heuss – sichtbar zum Ausdruck bringen soll, dass jemand sich um Deutschland verdient gemacht hat. Der Orden solle »Abzeichen einer auserlesenen Gemeinschaft« sein.

Die Ironie bleibt im Hals stecken, kurz unterhalb des Ordens. Uwe hat ernsthafte Verdienste, mehr als manche in dieser Gemeinschaft. Und wenn es nur das eine wäre: dass er trotz aller Möglichkeiten nie gesungen hat.

(DT)

Dream-Team – Für Deutschland Fußball spielen

Was ist ein Dream-Team?

Das ist eine Mannschaft, von der man nur träumen kann, weil es sie im richtigen Leben kaum gibt. Die Amerikaner haben ihre Basketballnationalmannschaft, die bei den Olympischen Spielen 1992 in Barcelona antrat, so genannt. Nun spukt der Name überall herum.

Wir kennen in unserem Sprachgebrauch eher eine Traumfrau oder einen Traummann, obwohl es die sowieso nicht gibt. Die Amerikaner träumen von der Gruppe, wir tun es für eine Einzelperson. Das lässt uns hier deuten: Die Amerikaner vertrauen mehr dem Team, weil ein Bund auf jeden Fall stärker ist als der Einzelne. Wir halten meistens an der Individualität fest. Ich denke an die Symbolkraft des Pfeils, der von vielen anderen Pfeilen zusammengebunden wird. Er kann nicht mehr durchgebrochen werden.

Heute hat jede Rundfunkanstalt, die etwas auf sich hält, ein Dream-Team, das meistens vor und nach Fußballspielen erklärt, was die Leute sehen werden oder gesehen haben. Es begann in der ARD, als sich der fabelhafte und ironisch-witzige Günter Netzer überreden ließ, an der Seite von Gerd Delling über Fußball zu sprechen, statt zu spielen. Und siehe da: Netzer konnte genauso gut sprechen wie er vorher spielen konnte. Seinem Ruf hat es nicht geschadet. Im Gegenteil. Er hat Maßstäbe gesetzt für alle, die nach ihm kamen, und deren Bilanz fällt natürlich nicht so günstig aus. Das berühmte trockene Stroh, das umsonst gedroschen wird, ist kaum geeignet, schlechte Spiele schönzureden.

Da stellt sich nur die Frage: Kann man einen Sport, so wie man sich einen Abend schöntrinken kann, schönreden? Lässt sich müdes Gekicke durch munteres Parlieren ausgleichen?

Mich haben ja die Gespräche über Fußball schon immer tief beeindruckt.

»Woran liegt es, dass Sie verloren haben?«, lautet etwa die Frage an den Trainer.

»Weil wir unsere Chancen nicht genutzt haben«, antwortet der.

Donnerwetter ja, das ist es doch! Ohne solch erhellende Erklärungen könnte man Fußballspiele gar nicht richtig verstehen.

»Was haben Sie sich für die zweite Halbzeit vorgenommen?«, fragt der Reporter.

»Wir werden versuchen, das 0:1 noch umzudrehen«, antwortet der Spieler.

Natürlich weiß auch der Fußballer, dass man das Ergebnis nicht umdrehen, nicht aus einem 0:1 ein 1:0 machen kann. Sie können nur noch 2:1 gewinnen. Oder aber höher. Umdrehen ist ein poetischer Einfall, unwirklich und fantasievoll. Echter Fußball-Tiefsinn.

Vielleicht waren es solche Sternstunden, die unsere Fußballübertragungen im Fernsehen verändert haben. Die Reporter waren mit dem Namen »Berichterstatter« nicht mehr zufrieden und nannten sich fortan »Kommentatoren«. Sie erzählten uns nicht mehr, was auf dem Platz geschieht, sondern sie sagten uns, was sie davon hielten und was wir davon zu halten haben. Sie sind fest davon überzeugt, dass die Nation fieberhaft darauf wartet, wie sie zum Beispiel den Schiedsrichter und die Leistung des linken Innenverteidigers bewerten.

Zu ihrem Leidwesen wartet die Nation zuallererst darauf, Fußball zu sehen, und es ist ihr ziemlich egal, was der Kommentator dazu meint. Oft dauert inzwischen der Austausch von Belanglosigkeiten länger als das Spiel, über das geredet wird.

Mancher Kommentator erinnert mich an eine Filmklub-Veranstaltung nach dem Kriege, als zu einem Film in italienischer Sprache ein Zuschauer gesucht wurde, der etwas dolmetschen könne. Es meldete sich auch einer. Während im Film dauernd geredet wurde, schwieg er konsequent. Erst als die Auseinandersetzung so weit getrieben war, dass die Frau auf der Leinwand in Tränen ausbrach, sagte der Dolmetscher: »Sie weint.«

Ein Standardsatz von Sportlern war schon immer: »Ich habe mein Bestes gegeben.«

Das kann man auch so verstehen, dass sie ihre Verlobung gelöst haben. Oder etwas anderes sehr Privates.

Der Sohn kommt vom Training nach Hause und jammert: »Mama, Mama, ich halte das nicht mehr aus! Alle sind so böse zu mir und schneiden hinter meinem Rücken Grimassen. Kein Mensch lacht, wenn ich mal einen Scherz mache. Ich bekomme keinen Ball, wenn sie sich die Bälle gegenseitig zuschieben. Es ist unerträglich.« Da sagt die Mutter: »Junge, du musst das durchstehen, bist schließlich erst sechs Wochen Cheftrainer!«

Sind Fußballspieler Botschafter der Nation?

Ob sie wollen oder nicht: Sie werden von den Zuschauern dazu gemacht. Und das kann Lust, aber auch Last sein. Da können sie noch so oft betonen, sie spielten nur für sich selbst und nicht für Deutschland. Sie stehen auf dem Platz und werden mit der Nation, für die sie spielen, identifiziert.

Auch als Journalist kann einem das passieren. Man steht unter dem Zwang, Seiten zu füllen, um Neuigkeiten zu berichten, obwohl es keine gibt. Da ist dann plötzlich die Meldung, dass zwei deutsche Spieler zehn Minuten zu spät ins Hotelzimmer zurückgekehrt sind, eine Nachricht. Man kann vielleicht auch mitbekommen, dass ein Spieler keinen Joghurt im Kühlschrank hat und dieses reklamiert. Solche und ähnliche Aufreger machen das Leben bei einer Weltmeisterschaft spannend. Während des Turniers scheint es so, als sei das Auftreten von 22 Fußballern und ihrem Tross wichtiger und eindrucksvoller als die Kulturpolitik eines ganzen Jahres. Beim Spiel entscheiden dann möglicherweise die fünf Zentimeter, die ein Ball rechts oder links am Torpfosten vorbeirollt, über Sieg oder Niederlage – darüber, ob die Spieler später als Helden gefeiert oder als Versager beschimpft werden.

Es ist allein die Erfolgsmoral, die regiert.

Nachdem die »schönste Nebensache der Welt« selbst internationale Gipfelkonferenzen tangiert und Tagesabläufe ändert, kann man den Fußballern die Last, Botschafter der Nation zu sein, nicht abnehmen. Selbst wenn sie für die Nation »gekauft« worden sind. Es ist eine – man möge mir verzeihen – gehobene Form des Sklavenhandels, die manch einen für ein Land spielen lässt, das er unter normalen Umständen vielleicht meiden würde. Die Mannschaft von Weißrussland beispielsweise wurde so intensiv mit Ausländern bestückt, dass man sich an die Praxis mit römischen Gladiatoren erinnert. Ich will hier keine weiteren Beispiele nennen, aber vielleicht fallen Ihnen ja selber welche ein. Die deutsche Nationalmannschaft brauchen Sie dabei nicht auszunehmen.

Und eines sollten wir auch nicht vergessen: Wer Nationalspieler wird, gibt – noch stärker als im Verein – seine Selbstständigkeit auf. Keiner kann essen, was er will. Ein Koch reist mit. Vor schwierigen Spielen wird die Mannschaft genudelt. Es soll auch schon vorgekommen sein, dass gegnerische Mannschaften krank machende Zutaten in das Essen des Gegners geschmuggelt haben. Don Camillo und Peppone waren von der Wirklichkeit gar nicht weit entfernt. Hier ging es um Abführmittel. Die betroffenen Spieler stürmten die Toilette und nicht das Tor des Gegners.

Nationalspieler reisen jetzt wie in Watte verpackt. Nur ausgesuchte Personen dürfen in ihre Nähe kommen. Früher war es üblich, dass sich Spieler bis Mitternacht noch einmal auf Schleichwegen oder durchs Fenster Schäferstündchen suchten. Die Medien interessierten sich nicht dafür. Und wenn sie es erfuhren, drückten sie ein Auge zu. Sie waren Gönner. Heute würde ein ertappter Sportler auf nächtlichen Abwegen sofort an eine Art Pranger gestellt. Ich denke da zurück an den Fall Boateng, der tagelang Schlagzeilen machte. Was noch unter Herberger undenkbar schien, ist heute selbstverständlich: Die Ehefrauen werden im Trainingslager zugelassen. Da kann man auch über Frauenfußball noch einmal gesondert reden.

(DT)

Ehrungen – Wenn Fair Play besonders schmerzt

Neulich erhielt ich eine Mail von meinem Freund Hans Jürgen. Der ehemalige Fortuna-Düsseldorf-Spieler, der heute auf Mallorca lebt, bat seine Freunde und Bekannten eindringlich: »Könnt Ihr helfen, dass unser alter Fortuna-Trainer und leider im April verstorbener Freund Helmut Poestges noch zum Sportler des Jahres gewählt wird? Einfach nur anklicken.«

Ich betätigte den Link, denn ich halte es für eine gute Sache, wenn Sportler geehrt werden, weil sie besonders fair waren, besondere fußballerische Leistungen gezeigt oder sich wegen anderer positiver Verhaltensweisen aus dem Kreis der Kollegen hervorgetan haben.

In Düsseldorf ist es der Verein »Düsseldorfer Sportpresse e. V.«, der den Sportler und die Sportlerin des Jahres sucht und meist dank über 25 000 »Jurymitgliedern« aus der Bevölkerung auch immer zu Ehrende findet. Schon seit Anfang der 80er-Jahre sind die Sportjournalisten der lokalen Tageszeitungen, Radio- und TV-Sender sowie sonstiger Medien auf der Suche. Solche Sportlerehrungen gibt es in vielen Städten.

Bundesweit wird der »Fußballer des Jahres« schon seit 1960 von den Mitgliedern des Verbands Deutscher Sportjournalisten gewählt und gemeinsam mit dem *Kicker*, sozusagen das Pflichtmagazin für jeden echten Fußballfan, geehrt. Zur Wahl stehen alle deutschen sowie bei einem Verein der Fußballbundesliga unter Vertrag stehende ausländische Spieler.

Der Erste, der sich mit dem Titel »Fußballspieler des Jahres« schmücken durfte, war Uwe Seeler. Der erfolgreichste Spieler mit vier Auszeichnungen ist Franz Beckenbauer. Im Alter von 20 Jahren war er im Jahr 1966 auch der bisher jüngste Spieler, dem diese Ehrung zugesprochen wurde. Immerhin drei Mal wurden Michael Ballack, Sepp Maier und Uwe Seeler ausgezeichnet. Hans Tilkowski führt seit 1965 die Riege der geehrten Torhüter als »Fußballer des Jahres« an.

Man kann Preise und Ehrungen im Allgemeinen, vor allem aber im kulturellen oder politischen Raum mit Skepsis beäugen, weil das ja nicht selten Klüngel-Wahlen sind, bei denen objektive Entscheidungskriterien keine Rolle spielen. Bei Sportlern sind die Gründe solcher Ehrungen in der Regel aber für alle nachvollziehbar. Oft geht es um die erfolgreichsten Torschützen oder Trainer, aber auch immer wieder um besonders faires Verhalten auf dem Rasen. Auch das kann ja ziemlich objektiv beurteilt werden. Da muss man jetzt keine Namen nennen.

Was ist der brutalste Sport der Welt?
Fußball. Da wird geköpft und geschossen!

Fair Play ist gerade in der heutigen Zeit, in der die Spieler immer mehr zu Kampf- und Kraftmaschinen mutieren, besonders schutzbedürftig. Auch wenn wir unsere Lieblingsmannschaft siegen sehen wollen, möchten doch die meisten, dass es einigermaßen fair auf dem Platz zugeht. Das bedeutet, dass nicht nur die Regeln eingehalten werden, sondern dass auch ein freundschaftlicher und kollegialer Umgang mit den Spielern der gegnerischen Mannschaft gepflegt wird.

Der ehemalige Bundespräsident Richard von Weizsäcker war der Meinung, dass ein »Sportler, der das Fair Play beachtet, nicht nach den Buchstaben handelt, er handelt nach dem Geist der Regeln«.

Basler, Matthäus und Effenberg sitzen in einem Privatflugzeug, als der Pilot mitteilt, dass die Maschine abstürzen wird, aber nur drei Fallschirme zur Verfügung stehen. Der Pilot schnappt sich einen und sagt: »Ich habe Frau und Kinder« und springt los.
Darauf Mario Basler: »Ich bin der beste und klügste Fußballer der Welt!«, schnappt sich den zweiten und springt.
Lothar Matthäus sagt zu Effe – fair, wie er ist: »Ich bin alt und du noch jung, nimm du den letzten Fallschirm!«
Daraufhin Effe: »Bleib ruhig! Der klügste Fußballer der Welt ist gerade mit dem Schlafsack verschwunden!«

2011 erhielt beispielsweise Gerald Asamoah den Fair-Play-Preis des Deutschen Sports. Denn er hatte menschliche Größe bewiesen, in einem entscheidenden Moment die

Wahrheit gesagt und damit sportliche Nachteile sowie Anfeindungen in Kauf genommen: Als dem FC St. Pauli in der heißen Schlussphase des Spiels gegen Hannover 96 ein Eckstoß zuerkannt wurde, erklärte Asamoah auf Nachfrage des Schiedsrichters, dass die Voraussetzungen für den Eckstoß nicht vorlagen, der daraufhin dann auch nicht gegeben wurde. Damit war eine Torchance für den damals vom Abstieg bedrohten FC St. Pauli vergeben; Hannover 96 gewann – aufgrund eines späteren berechtigten Eckstoßes, der zum entscheidenden 1:0 führte.

»Manchem Teamkollegen und sicher auch manchem Fan wäre der Punkt lieber gewesen als das faire Verhalten«, meinten die Preisverleiher. »Dass trotzdem die Fairness gesiegt hat, ist das alleinige Verdienst Asamoahs, das er für sich, aber auch für die Mannschaft errungen hat, die in der Presse dann auch als ›Fairlierer‹ bezeichnet wurde«.

Besonders dramatisch verlief das faire Spiel für André Wrede, der 2010 den Preis für Fairplay und Toleranz erhielt. »Aus, aus, aus. Der Ball war im Aus!« Das rief Trainer Wrede am 8. August 2009 im Spiel seiner A-Junioren vom SV Lengede in der ersten Runde des Bezirkspokals gegen die Elf vom BSC Acosta Braunschweig über das Spielfeld. Wredes Jungs lagen mit 0:1 zurück und hatten gerade den Ausgleich erzielt, doch ihr Trainer reklamierte gegenüber dem Schiedsrichter lautstark: Kein Tor, kein Tor! Der lange Pass, der dem Treffer vorausging, hatte bereits die Seitenauslinie überrollt, bevor der Lengeder Linksaußen den Ball unter Kontrolle bringen konnte.

Wrede hatte dies sofort angezeigt – Ball im Aus. Doch statt Einwurf für die gegnerische Mannschaft zu geben, ließ der Schiri weiterspielen. Sekunden später kamen die Lengeder Junioren zum Ausgleich. Als der Schiedsrichter den Treffer anerkennen wollte, intervenierte André Wrede erneut und heftiger als kurz zuvor. Er gab nochmals zu verstehen, dass der Ball zuvor regelwidrig außerhalb des Spielfeldes gewesen sei und das Tor für seine Truppe deswegen nicht zählen könne. Der Schiedsrichter revidierte daraufhin seine Entscheidung. Die Partie zwischen den beiden Teams aus Niedersachsen wurde beim Stand von 1:0 für Braunschweig fortgesetzt. Lengede verlor mit 1:2 und schied aus.

So ist Fair Play besonders schmerzhaft. »Im ersten Moment waren einige in der Mannschaft ziemlich sauer. Manche konnten das nicht ganz verstehen. Es gab natürlich Diskussionen«, erzählte später einer der Lengeder Juniorenspieler über das denkwürdige Verhalten des Trainers. »Doch im Endeffekt geht Fair Play vor. Man möchte als Spieler und Sportler ja auch selbst so behandelt werden.«

(PJ)

Fußball-Gott Pelé – Der soziale Weltbürger

»Wie wird Pelé buchstabiert?«, fragte die *Sunday Times* ihre Leser und gab selbst die Antwort: »G-O-T-T.«

Das war er – und das bleibt er für immer. Noch heute erzählen sich Fans diese schöne Anekdote über den Weltklassespieler: Brasiliens Fußballikone wird unter der Nummer 67541 Ehrenmitglied des 1. FC Köln. FC-Präsident Wolfgang Overath überreicht dem damals 67-Jährigen die Urkunde und lobt Pelé: »Es gibt keinen besseren Fußballer als dich. Du bist der größte aller Zeiten.«

Kommentar im Internet über Pelé als »Geißbock«: *Schalke hat den Papst, wir aber den Fußballgott!*

Nicht nur Fußballjungs verehren den Altweltmeister. Ich erinnere mich an eine Freundin, die auch als reife Journalistin noch davon schwärmte, wie ihr als kleines Mädchen der Fußballstar im Aufzug des Hotels Bayerischer Hof in München begegnet war und er sie nicht nur anlächelte, sondern ihr auch noch über den Kopf streichelte. Diesen Vorzug hat ihr der ältere Bruder bis heute nicht verziehen.

Die Kollegin hat etwas mit dem ehemaligen Bundeskanzler Gerhard Schröder gemein. Auch dieser verbindet den Namen Pelé mit einer Erfahrung aus Jugendtagen.

»Ich beschäftige mich nicht so häufig wie ich gerne würde mit Fußball. Aber Pelé ist ein großes Idol auch meiner Zeit. Ich kann mich an die WM 1958 erinnern. Da war ich gerade vierzehn Jahre alt«, erzählt Schröder. »Ich bewundere ihn als Mensch, da er für großen Ruhm gepaart mit einer unglaublichen Bescheidenheit steht. Er ist nicht nur eine Fußballlegende, sondern hat auch immer soziale Sensibilität gezeigt.«

Maradona, Pelé und Krankl streiten sich, wer der größte Fußballer aller Zeiten war. Maradona sagt: »Ich bin der größte aller Zeiten. Ich werde in Argentinien wie ein Gott verehrt.«
Pelé sagt: »Ich werde weltweit wie ein Gott verehrt und habe außerdem vor Kurzem geträumt, dass Gott mit mir sprach und gesagt hat: ›Pelé, du bist der beste Fußballer aller Zeiten.‹«
Daraufhin Hans Krankl: »Wos hob i zu dir g'sogt?«

Pelé hatte schon immer ein gutes Herz und ist für sein soziales Engagement weltberühmt. So engagierte er sich als UNICEF- und UNESCO-Botschafter. Als er im November 1969 per Elfmeter sein tausendstes Tor erzielte, widmete er dies den Elendskindern in Brasilien.

Doch den wohl größten Triumph errang der Weltstar natürlich nicht in den Elendsvierteln der Welt, sondern auf dem Fußballplatz. 1970 spielte er seine letzte Weltmeisterschaft. Beim Endspiel Brasilien gegen Italien schaffte er es, das erste Tor im Kasten des Gegners zu platzieren. Das Ergebnis ist bekannt: Brasilien gewann mit 4:1. Und Edison Arantes do Nascimento wurde als erster Spieler dreimaliger Weltmeister.

Am 27. September 1977 verlieh die UNO dem Brasilianer den Status eines Weltbürgers.

(PJ)

Einwürfe – Heldinnen und Verehrer

»Wenn ich übers Wasser laufe, dann sagen meine Kritiker, nicht mal schwimmen kann er.«

Berti Vogts

»Die erste Halbzeit war ohne besondere Höhepunkte. Aber die, die wir gesehen haben, die hatten es in sich.«

Oskar Wark, Sportreporter

»Mit braven Spielern kann man nicht gewinnen.«

Hennes Weisweiler

»Es war ein wunderschöner Augenblick, als der Bundestrainer sagte: ›Komm, Steffen, zieh deine Sachen aus, jetzt geht's los.‹«

Steffen Freund

»Ich hab gleich gemerkt, das ist ein Druckschmerz, wenn man draufdrückt.«

Lothar Matthäus

»Die Sanitäter haben mir sofort eine Invasion gelegt.«

Fritz Walter jun.

»Was meine Frisur betrifft, da bin ich Realist.«

Rudi Völler

5. Menschen und Macher

»Netzer war immer ein guter Spieler, er ist jetzt ein guter Manager geworden. Ich glaube, wir zwei könnten auch gut zusammenarbeiten.«

Hennes Weisweiler

Torhüter – Bestleistung ohne ein einziges Tor

Im Gegensatz zu den Spielern wartet der Torhüter geradezu darauf, den Ball anfassen zu können, was sonst keiner darf. Er darf es beim Halten eines Balles und beim Abstoß. Er nennt es lieber Abschlag, weil der Abstoß abstoßend ist.

Seine Berufsbezeichnungen sind vielfältig. Mal wird er als »Torwart«, »Torhüter« oder einfach »Mann im Tor« bezeichnet. Auch »Schlussmann« oder »Keeper« sind geläufig. Der Torwart steht und wartet und hält. In guten Tagen wird er so zum Helden.

Seine große Stunde schlägt beim Elfmeter.

Der Elfmeter ist ein Strafstoß, den der Torwart und ein gegnerischer Spieler unter sich ausmachen. Der Torwart wartet im Tor, erwartet den Torschuss. Ein Tor ist ein Ereignis, das Enthusiasmus auslöst. Es ist ein Grund zu stürmischem Feiern. Es lässt erwachsene Männer Ringelreihen tanzen und lauthals brüllen. Meist erledigen dies die Fans gründlicher als die Spieler selbst.

»Fußball beherrscht den Teil des Hirns des Mannes, in dem er sich weigert, erwachsen zu werden.«
Peter Ustinov

Der Tormann kann Rekorde aufstellen, indem er torlos bleibt. Aber irgendwann kommt einer mit dem Hammer im

Bein und zerstört den Rekord. Unerwartet, natürlich, sonst zappelte er nicht im Netz. Aber manchmal kullert der Ball auch nur. Das Ergebnis ist dasselbe.

Der Keeper verweilt dann traurig zwischen den Torstangen, als habe er eine Herde Schafe im Tor zu hüten, die ihn zusätzlich zum Schäfer machen. Noch ein Beruf. Und der Name passt ja in die Berner Wunderelf.

»Grüß dich, Hans! Es war eine schöne Zeit damals. Und du hast ein tolles Tor geschossen.«

Er steht und wartet, beherrscht den Strafraum. Er greift hinter sich, wenn es zu spät ist.

Der Strafraum ist kein Kerker, hat keine Wände. Er ist ein schlichtes Viereck, in dem verschärfte Strafbedingungen herrschen. Er ist ein Raum, der »eng gemacht« werden will.

Im Tor steht der Torhüter. Eigentlich soll er weniger das Tor hüten, als Tore zu verhüten. Das allein ist wichtig.

Der Torwart wäre damit in erster Linie ein Verhüter. Oder für Schweizer: ein »Verhüterli«.

Draußen steht ein Jäger, ein Torjäger, der gleich schießen soll. Auf ihn.

Und im Tor steht der Torhüter. Er erwartet den Schuss und muss entscheiden, wohin er springt, ob er fängt oder faustet. Da bekommt die Torwartfrage am Ende noch etwas Faustisches.

Da wird ihm sogar die Gretchenfrage gestellt. Auf Sächsisch: Grätschenfrage.

(DT)

Trainer – Die Peitsche im Nacken der Spieler

Werden Trainer gebraucht?

Manche Spieler glauben, erfolgreiche Trainer seien Sadisten. Ihr Trainingsprogramm liege auf der Angebotsskala irgendwo zwischen Vierteilen und Auspeitschen.

Aber die Spieler, die selbst Trainer werden, tun genau das, was sie vorher beklagt haben: Sie schleifen die Mannschaft bis zur Erschöpfung.

Wolfgang Overath sagte mir Anfang der 60er-Jahre: »Fußballspielen können wir selber. Wir brauchen einen Trainer, der lustig ist.«

Aber Overath würde das heute nicht mehr sagen. Die Kölner kauften sich ihren Spaßvogel: Zlatko »Čik« Čajkovski. Der tat ihnen den Gefallen und erzählte von sich: »Der Ball ist rund, das Stadion ist rund, ich bin rund.« 1961 bis 1963 blieb er im Amt. 1962 wurde er mit dem 1. FC Köln deutscher Meister.

Werden Trainer wirklich gebraucht?

Die Frage ist inzwischen eindeutig beantwortet. Kein Verein kann darauf verzichten. Das Triple für den FC Bayern und die jüngsten Meisterschaften von Borussia Dortmund wären ohne die Trainer Jupp Heynckes und Jürgen Klopp nicht möglich gewesen. Interessant ist aber auch, dass die Trainer vom Neuigkeitswert leben. Manche verbrauchen sich sehr schnell.

Wie lange hält die Autorität an, die der Trainer beim Spieler haben muss? Wie nahe darf man dem Spieler kommen?

Weisweiler sagte 1979 dazu: »Ich glaube, man kann nicht sehr befreundet sein. Man muss ein gutes Verhältnis zu den Spielern haben. Die müssen fühlen, dass man hinter ihnen steht, dann sind sie auch bereit, im Spiel alles zu tun. Ich setze mich im Trainingslager mit den zwei oder drei Mittelfeldspielern zusammen und lege gar nicht autoritär fest, was dann gemacht wird.«

Während ein Mann wie Max Merkel – angeblich sogar rauchend – in einer Art Regiestuhl auf der Wiese saß und barsche Befehle ausstieß, mussten die Spieler ein ums andere Mal steile Berghänge erklimmen. Es ging darum, Kondition zu trainieren, Ausdauer, Kraft. Die Spieler sollten nicht nach 80 Minuten müde werden, sondern notfalls für 120 Kraft und Luft haben.

1979 weigerten sich die Stars von Bayern München, unter dem neuen Trainer Merkel zu trainieren. Der Verein gab nach und löste den Vertrag auf.

Das veranlasste Merkel zu der Feststellung: »Spieler vertragen kein Lob. Sie müssen täglich die Peitsche im Nacken fühlen.«

Er konnte jedoch auch witzig sein: »Es gibt zwei Möglichkeiten, schnell den Flugschein zu machen: Entweder machst du Urlaub mit Drachenfliegen. Oder du gehst als Trainer in die Bundesliga.« Aber auch er findet: »Auf nur einer Arschbacke rutscht auch ein Meister nicht durch die Bundesliga.«

Man müsse den Spielern klarmachen, was vor einem Spiel wichtig ist, sie müssten merken, dass man an sie glaubt, hielt Hennes Weisweiler für wichtig.

Er setzte sich sogar mit ihnen zusammen und fragte, gegen wen sie am liebsten spielen würden.

Er unterstellte, dass sich da einiges geändert habe: »Als Fußballer noch Amateure waren, traten sie sehr unbeholfen auf. Heute sind das fast Intellektuelle, sind ganz andere Kerle geworden.«

Paul Breitner, der einmal mit mir beim *Kölner Treff* auf dem Sofa saß, bezweifelt das. Was hier gefragt sei, meinte er, sei eine spezielle und fußballspezifische Intelligenz. »Die normale Intelligenz ist da eher hinderlich.«

Die Kollegen bedanken sich.

Die Wissenschaft darüber könnte man Ballistik nennen.

Es wird dann auch von Ballkultur gesprochen. Der Name regt zum Nachdenken an. »Ballare« ist das lateinische Wort für »tanzen«. Das griechische »Ballein« heißt »werfen«.

Der Ball ist ein Spielgerät, manchmal Ballast, manchmal ist alles »Ballaballa«. Aber wir finden ihn auch in der Kunst. Hugo Ball, ein berühmter Dadaist, Giacomo Balla ein futuristischer Maler.

Ballett und Ballon haben wenig mit Fußball, aber viel mit Bällen zu tun. Ballack ist nicht der einzige Name, der auf den Sport hinweist, und irgendwann in naher Zukunft werden die Wettspiele auf den Ballearen oder auf Balltrum stattfinden.

Zum Schluss ein Witz zum Thema:

Zwei Männer sind auf einer Ballonfahrt in starken Nebel geraten. Sie haben die Orientierung verloren und gehen mit dem Ballon tief herunter. Auf einem Feld sehen sie einen Mann stehen und rufen ihm zu: »Hallo, wo sind wir hier?« Ruft der Mann zurück: »Im Ballon!«

(DT)

Weltmeister – Mehr Einfluss als das Auswärtige Amt

Das Auftreten von Fußballern hat vermutlich mehr Gewicht als die gesamte Kulturpolitik des Auswärtigen Amtes. Es wird immer wieder versucht, mit Fußball auch Politik zu machen. So komisch es klingt: Ein Tor im Fußballspiel wertet das ganze Land auf. Ob Lahm Durchfall hat, wenn Klose Buttermilch trinkt, das wird weltweit diskutiert. Den Goethe-Instituten fällt es schwer, gleichwertig interessante Themen zu finden.

Es begann 1936, als Hitler die Wettspiele für eine unglaubliche Propagandashow nutzte.

Im Jubel schwingt etwas wie Überheblichkeit mit. So, als sei es ein wichtiger Verdienst, den Ball fünf Zentimeter weiter nach links statt nach rechts gerollt zu haben. Dann kommt auch ein Stück Nationalismus wieder hoch. Die DDR wäre froh gewesen, wenn sie eine Mannschaft von internationaler Qualität hätte aufstellen können. Und schon wäre die Zufriedenheit, mit ihr den ganzen Erfolg des Regimes zu beweisen, unerträglich geworden. Bis jetzt haben wir Glück, dass Ansätze zu solchem Missbrauch selten geworden sind.

(DT)

Herberger – Der Trainer mit dem klugen Trick

Bundestrainer Sepp Herberger hatte nach Meinung aller Experten ein strategisches Meisterstück vorbereitet. Die deutsche Mannschaft musste im Turnier gegen Ungarn spielen. Sie verlor, was keinen überraschte, mit 3 : 8 Toren. So hatten es alle erwartet. Ungarn war klar überlegen.

Was weniger beachtet wurde: Herberger schickte die B-Mannschaft aufs Feld, ließ nicht die besten Spieler spielen. Manche nannten es auch eine »komplette B-Mannschaft«. Die Deutschen kämpften sich dann im Turnierverlauf bis ins Endspiel vor, in dem wieder Ungarn ihr Gegner war. Jetzt waren die Voraussetzungen anders. Alle hielten Ungarn für den sicheren Weltmeister, die Ungarn selber nahmen den Gegner nicht mehr ernst. Kein Trainer dieser Welt ist in der Lage, eine Mannschaft gegen einen Gegner zu motivieren, den sie vorher 8:3 geschlagen hat. Hinzu kam, dass es auch noch regnete. Auf dem glitschigen Rasen konnten die Ungarn ihre fabelhaften Ballstafetten nicht mehr so wirksam einsetzen. Und so verloren sie 2:3.

»Der Ball ist rund« ist ein Ausspruch, der Herberger zugeschrieben wird. Es ist ein Stückchen Philosophie. Hier wäre auch Peter Handke, der Autor von *Die Angst des Tormanns beim Elfmeter*, einzubeziehen, der sagte: »Wie alles, was rund ist, ist auch der Fußball ein Sinnbild für das Ungewisse, für das Glück und die Zukunft.«

Der pfiffige Sepp Herberger ging in die Fußballgeschichte ein als der Mann, der die WM mit einem Trick gewann. Dem es gelang, den Gegner zunächst durch eine zweite Mannschaft einzulullen und dann, anderthalb Wochen später, das wahre Können zu zeigen.

Seitdem Sepp Herberger 1954 gegen die hoch überlegenen Ungarn Weltmeister geworden war, trug er als Fußballlehrer eine Art Heiligenschein.

Die jungen Spieler ließen sich von ihm väterlich umarmen, und plötzlich ertappten sich auch die über 30-Jährigen dabei, diesen väterlichen Segen zu suchen.

Der Name des ersten Cheftrainers nach dem Kriege scheint mir sogar eine tiefere Bedeutung zu haben. Sepp Herberger – der Name ist Programm. Ein Herberger schafft einen Ort, an dem alle sich geborgen fühlen. So sollte man überlegen, ob man daraus nicht einen Beruf macht. Ein Herberger als Mann, der Profifußballer beherbergt und ihnen Wärme und Mut gibt. Jeder deutsche Bundestrainer sollte von nun an Herberger heißen.

Der derzeitige Herberger wäre dann Jogi Löw.

(DT)

Schiedsrichter – Von bunten Hunden und schwarzen Säuen

Drei Schiedsrichter gehen auf den Rasen.
Der erste hat den Ball.
Der zweite hat die Trillerpfeife.
Was hat der dritte?
Der Gefragte bleibt die Antwort schuldig.
Der Fragende antwortet selbst: »Karies, jeder Dritte hat Karies.«

Sicherheit gegenüber dem, was die Schiedsrichter so zu richten haben, soll das Regelwerk geben. Der Name verrät schon, dass Fußballer hier mit der *Bibel* oder mit der *Edda* konkurrieren. Aber mit nichts Geringerem.

Der Schiedsrichter hat irgendwo im Kampf der Waden im Gedränge ein elfmeterreifes Foul gesehen. Er gibt den Elfmeter. Er verhängt ihn sogar. Womit? Mit Recht oder mit einem Tuch?

Wird die Hand von einem gegnerischen Spieler angeschossen, bleibt der Elfmeterpfiff aus. Meistens jedenfalls. Denn in diesem Bereich macht auch der beste Schiedsrichter Fehler.

Es kommt erschwerend hinzu, dass der Oberarm als

Hand gilt. Der ganze Arm gilt als Hand. Wer das Handlangern anfängt, muss büßen. Geht die Hand zum Ball, folgt die Strafe auf dem Fuße. Die gehende Hand ist eine der Attraktionen jedes Fußballspiels.

Der Schiedsrichter muss sein Auge zwischen Abseits und Zweikampf noch auf viele andere Regelverstöße werfen. Dieses Auge ist das Einzige, das außer dem Ball bei Einwürfen im Stadion geworfen werden darf.

Wichtig ist, ob ein Vergehen außerhalb oder innerhalb des Strafraums geschieht. Der Strafraum ist kein vornehmes Gefängnis, kein Kerker. Er ist auch kein »Raum politischen Lebens«. Die meisten wollen nicht raus, sondern rein. »Eindringen« heißt die Vokabel.

Neben dem Strafraum gibt es noch andere Räume auf dem Fußballplatz. Sie werden notfalls eng gemacht.

Je nach Perspektive war es früher auch schöner und übersichtlicher. Wenn die Leute zum Beispiel »schwarze Sau« schrien, wusste man gleich und verlässlich, wer damit gemeint war, denn ausschließlich die Schiedsrichter trugen Schwarz. Heutzutage kleiden sich die Mannschaften, die auswärts spielen, am Abend gern in dunkel schimmernde Farben, mit einem Anflug von glänzendem Grün oder bizarrem Blau. Schiedsrichter dagegen werden in allen möglichen Farben ausgestattet, könnten also nur noch als »bunte Hunde« beschimpft werden. Aber »bunter Hund« ist kein Schimpfwort.

Man könnte die Schiedsrichter in Schwarz auflaufen lassen und dafür die gelben Karten größer machen. Wenn dann zwei gelbe Karten zu einer roten werden, hätte das schon fast Stierkampfatmosphäre.

Der Vorwurf, dass Schiedsrichter blind seien ist unverändert geblieben. »Schade, dass Sie es nicht gesehen haben. Es war ein gutes Spiel«, rempelt ein Spieler den Schiedsrichter an.

In einem großen Spiel arrangiert der Schiedsrichter die Seitenwahl. Er wirft eine Münze hoch, sieht sie sich an und zeigt, wer die Wahl hat. Da hört man in der Ruhe dieses Augenblicks eine Stimme von der Tribüne: »Das ist ein Schwindler! Der ist gar nicht blind!«

Vorstellbar wäre auch, dass die Schiedsrichter sich jetzt Privilegien von Spielern aneignen. So könnten beispielsweise die beiden Linienrichter nach einer gelungenen Elfmeterentscheidung den Schiedsrichter zu Boden werfen und abküssen.

Da die Assistenten nicht immer auf gleicher Höhe mitlaufen, finden wir da viel Spielraum. Noch Generationen werden über das sogenannte Wembley-Tor reden, das 1966 das WM-Endspiel in London für die Engländer gegen die Deutschen entschied. Ein sowjetischer Linienrichter musste sich später des Vorwurfs erwehren, hier parteiisch gewesen zu sein.

Dennoch bin ich skeptisch, was die vieldiskutierte Torlinientechnik betrifft. Denn sie beseitigt doch nur jene Ungerechtigkeiten, über die Fußballer so gerne streiten und die den Fußball so lebensnah machen.

Dabei war es bisher durchaus möglich, dass die drei Schiedsrichter einen Ball hinter der Linie nicht als solchen erkannt hatten. Sie sahen ihn vor der Linie, also dem aufgemalten Strich, der von einem Torpfosten zum anderen führt.

Das Tor ist 2,44 Meter hoch und 7,32 Meter breit. Das klingt nach Pedanterie, ist aber keine, weil die Zahlen von englischen Längenmaßen genommen wurden.

Was den Videobeweis betrifft, haben wir inzwischen Erfahrungen gemacht, nach dem Tennis, bei Eishockey und

Hockey. Bei Letzterem kommt es oft zu minutenlangen Pausen, in denen alles noch mal angesehen und geprüft wird. Zuweilen entsteht der Eindruck, dass mehr geprüft als gespielt wird. Die Vorstellung, dass es so etwas auch bei der WM in Brasilien geben wird, macht mich gruseln. Vor allem fehlt dem Fußball somit ein wesentliches Element: Es war stets wichtig, dass zumindest die Möglichkeit besteht, ungerecht behandelt zu werden.

Außerdem erleben wir ja immer wieder, dass selbst die höchstauflösenden Bildschirme dieselbe Frage offenlassen: War der Ball nun drin oder nicht?

Wir erkennen: Die Frage bleibt, aber sie ist nun auf ein höheres Niveau verschoben.

Und »verschoben« ist eine heimtückische Vokabel, wenn wir über Fußballspiele reden.

(DT)

Calli – Schlemmer-Ente mit Figurproblemen

Reiner Calmund ist ein echter Macher. Wenn man glaubt, nun wäre seine Zeit endgültig vorbei, erfindet er sich wieder neu und steht im Blickpunkt der Öffentlichkeit, als wäre er nie woanders gewesen. Und sei es auch nur als Witzfigur mit Figurproblemen:

Bayer Leverkusen hat eine neue Digitalwaage. Carsten Ramelow steht als Erster drauf. Die Waage: »75 Kilo, optimal.«
Dann Bernd Schneider: »Drei Kilo zu leicht.«

Schließlich will auch Manager Reiner Calmund das neue Stück ausprobieren. Die Waage: »Bitte nicht in Gruppen auf die Waage stellen!«

Calmund will im neuen Jahr abnehmen. Nach ein paar Tagen gibt er die Diät auf. Sein Kommentar: »Ich denke nicht dran, vor Hunger zu sterben, nur um noch ein paar Jahre länger zu leben.«

Reiner Calmund fragt Franz Beckenbauer, wie er denn abnehmen könne. Beckenbauer antwortet: »Das ist ganz einfach, du musst nur öfter den Kopf schütteln!«
»Nur den Kopf schütteln?«, fragt Calmund erstaunt. »Das ist alles? Und wie oft?«
Beckenbauer: »Immer dann, wenn dir jemand etwas zu essen anbietet.«

Reiner Calmund hat kein Problem damit, dass über seinen Körperumfang Witze gemacht werden – er vermarktet schließlich sein Gewicht auch selbst.

Über das Trittbrett »Fußball« hat er es zu gesellschaftlicher Anerkennung gebracht, und auch nach seiner aktiven Zeit als Fußballmanager hat es niemand geschafft, ihn vom Ball zu trennen. So ist er eine beliebte Figur auf dem Medien-Boulevard, auf dem jedes Statement zu einer Schlagzeile wird.

Allein der Spitzname »Calli« ist so profillos wie eine Kugel, die alles mitreißt, was sich ihr in den Weg stellt. Super-Calli eben. Seine Beliebigkeit in der Selbstvermarktung unterstreicht diese Profillosigkeit. Man weiß nicht mehr, was er darstellt, wer er ist und was er will.

Leider. Denn man möchte doch mit Calli gut Freund sein, ihn mögen und schätzen. Seit seine Zeit als Manager von Bayer Leverkusen abgelaufen ist, taucht er in schöner Regelmäßigkeit mit immer neuen gewichtigen Taten in den Medien auf, was auf seiner eigenen Homepage folgendermaßen zusammengefasst wird: »Reiner Calmund arbeitete fast 30 Jahre lang erfolgreich als Manager des Fußball-Bundesligisten Bayer Leverkusen, den er zu einem internationalen Top-Klub formte. Nach seinem Rückzug 2004 widmete er sich vielen Projekten, startete eine erfolgreiche Karriere als Vortragsredner, Kolumnist und Blogger. Im TV glänzt ›Calli‹ unter anderem als witziger Juror der Kocharena, pfiffiger Kandidat in Promi-Quiz-Shows sowie als gefragter Experte in vielen Fußball-Formaten. Aufgrund seiner großen Bekanntheit und hohen Beliebtheit wird er regelmäßig von namhaften Unternehmen als Werbe-Testimonial verpflichtet. Der Privatmann Calmund widmet sich seit Jahren intensiv sozialen Projekten im In- und Ausland.«

Bei so viel Rührigkeit und persönlichen Interessen wie »Fußball, Kochen, Essen, Reisen, Lesen und natürlich mit Freunden quatschen« wundert es nicht, dass der Mann gleich eine ganze Batterie an Preisen und Ehrungen abräumte, die hier nicht unterschlagen werden sollen: Charity Award, Genießer des Jahres, Goldene Schlemmer-Ente, Health Media Award, Herbert Award, Neven-DuMont-Medaille, UEFA-Fair-Play-Preis.

Calli – die Mensch gewordene Schlemmer-Ente. Ein Tausendsassa, der nach dem selbst formulierten Motto lebt: »Kompetenz und Leidenschaft, das ist die Formel zum Erfolg«.

Calli ist aber auch die Mensch gewordene Litfaßsäule. Mal agiert er als Schirmherr eines »Calli & Friends«-Benefizkonzerts im Frechener Tanzbrunnen, mal begleitet er zusammen mit Regina Halmich den Henkelpott auf der von UniCredit präsentierten UEFA Champions League Trophy

Tour in Berlin, oder er referiert beim Wissensforum der österreichischen Wirtschaft, auf dem es um Themen von Servicekultur in den Firmen bis zum Extremsport geht.

Der Terminkalender auf seiner Website verzeichnet 464 Termine seit 2004. Seine Vermarktung ist perfekt. In der Liste seiner Projekte finden wir Calmund unter anderem als Markenbotschafter bei Design Line Progress, als Grillmeister 2013, als Testimonial für den Bürobedarfanbieter Calipage und das deutsche Wettportal betvictor.com, als Buchautor von *Eine Kalorie kommt selten allein* und als Schirmherr der Initiative für Tapfere Kinder.

Die Liste ist so lang, dass man beim Lesen das Gleichgewicht verliert. Denn Reiner Calmund ist oder war – wer weiß das schon noch genau – auch noch Werbepartner von fluege.de, Unterstützer des Traditionsvereins Dynamo Dresden und der Deutschen Sporthochschule Köln beim Projekt »Fit am Ball«, WM-Experte von RTL, Mitfeierer des Modeunternehmens Adler beim 60-jährigen Firmenjubiläum, Freeclimber von Katjes Yoghurt Gums, Joghurtfrischverliebter von Müller-Milch, Internationaler EM-Botschafter 2008, Aufsichtsratsmitglied von Fortuna Düsseldorf, Big Boss in der gleichnamigen RTL-Reality-Serie, Partner von 0_2, Jurymitglied der Bitburger Vereinsförderung und und und …

Alle wollen Calli, alle mögen Calli – alle bekommen ihn. Er ist kein Ritter der traurigen Gestalt, auch wenn er manchmal bei seinen Auftritten so wirkt.

> Rudi Völler über Reiner Calmund: »Der arbeitet von morgens bis abends. So was nennt man im Volksmund glaube ich Alcoholic.«

Wir assoziieren Calli zwar noch immer mit dem Fußballsport, aber eigentlich hat er damit gar nicht mehr viel zu tun. Calli ist inzwischen eine Kunstfigur, auf die jeder Stempel passt. Ein Name, der für alles steht, was Aufmerksamkeit in der Öffentlichkeit sucht. In einigen Jahren wird man sich fragen, ob es jemals einen Manager namens Calmund bei Bayer Leverkusen gegeben hat, der von seinem Schreibtisch aus die heimische Fußballmannschaft in Form gebracht hat, oder ob der Klub nicht von einem Yoghurt Gum namens Calli gemanagt worden ist.

Reiner Calmund trifft Willi Lemke auf einer Sportlergala.
Calli: »Mann, Willi, du siehst ja echt aus, als sei 'ne Hungersnot ausgebrochen!«
Willi zu Calmund: »Und du siehst so aus, als wärst du schuld daran.«

Ja, Calmund ist ein Volksheld und als solcher selbst für Salafisten interessant. Während der Buchmesse 2013 missbrauchten zwei Undercover-Salafisten, als Fußballfans getarnt, den ehemaligen Fußballmanager für religiöse Werbezwecke. Sie nahmen ihn für ein Foto in ihre Mitte und veröffentlichten das Bild später im Internet. Was Calmund nicht gesehen hatte: Die angeblichen Fußballfans trugen die T-Shirts eines islamistischen Hasspredigers mit der Aufschrift »Lies! Im Namen deines Herren, der dich erschaffen hat«.

Die Geschichte machte Schlagzeilen, was sonst, und Calmund beruhigte die Fans auf seiner Facebook-Seite: »Mir liegt nichts ferner als Extremismus und Gewalt, egal in welcher politischen oder religiösen Färbung. (…) Ich habe auch niemanden unterstützt, ich wurde missbraucht, weil ich nichts anderes tat, als ich immer tue: Freundlich sein zu meinen Fans (auch wenn es in diesem Fall keine waren). (…) Ich bemühe mich auf jedem Termin, zu jedem Zeitpunkt, an jedem Ort die Wünsche der Fans zu erfüllen. Zu Recht würden diese sich beschweren, wenn ich arrogant ihre Bitten missachten würde. Ich werde mich durch solche Aktionen nicht davon abbringen lassen, auch in Zukunft meinen Fans für Fotos zur Verfügung zu stehen (…) und bei Fotowünschen auch in Zukunft keine Gesinnungsprüfung durchführen.«

Was wäre Calli Superman auch ohne seine Fans.

(PJ)

Fans 1 – Das Leben ist voller Ungerechtigkeiten

Bin ich ein Fan?

Das ist lächerlich. Allein die Frage. Mit den Rabauken habe ich nichts zu tun. Natürlich bin ich Anhänger eines Vereins, aber ich gehe da nüchtern, kühl und distanziert heran und bin mir stets klar darüber, dass der Weg ins Stadion sozusagen der Fortbildung und keineswegs nur dem Vergnügen dient.

Manche Menschen lassen sich ein ganzes Leben lang von Schwüren begleiten. Ich habe auch geschworen, keinem Verein beizutreten. Aber ich habe mich nicht daran gehalten – bis ins Alter. Nein, von starken Gemütsbewegungen war ich immer weit entfernt. Der Fan, das sind die ersten drei Buchstaben von »Fanatiker«. Ich war schließlich schon auf dem Fußballplatz, als hier in Köln Wolfgang Overath und Hans Schäfer spielten, als hier in Köln um deutsche Meistertitel, aber auch gegen Nürnberg um den Abstieg gespielt wurde. Für andere, die es nötig haben, sehe ich Fußball als ein psychotherapeutisches Ereignis an, um Emotionen loszuwerden. Leider geht die Wirkung in der Straßenbahn nach Hause meist schon verloren.

Mein Sitznachbar hat zweimal behauptet, ich hätte ihm bei einem gelungenen Torschuss den Hut vom Kopf geschlagen. Aber das muss einen anderen Grund gehabt haben.

Ich meine auch, dass es nicht stimmt, wie Emil mir neulich vorgeworfen hat, ich hätte eine Fehlentscheidung des Schiedsrichters lauthals begrüßt, die zugunsten meines Vereins getroffen wurde, oder mich an Pöbeleien gegen den Schiedsrichter beteiligt.

Vor allem Prominente wünschen sich ja meistens, dass der Bessere gewinnen möge.

Der Bessere? Im Ernst? Trainer und Experten sagen, wenn man mit ihnen alleine ist: »Das ist totaler Quatsch. Ich will, dass meine Mannschaft gewinnt.«

Lukas Podolski hat mal fast resigniert gesagt: »Manchmal gewinnt eben der Bessere.«

Auch ich habe mich schon dabei ertappt, Wohlbehagen empfunden zu haben, wenn meine Mannschaft schlichtweg besser war. Ich spüre, dass ich genau besehen wohl doch schon ein Fan geworden bin und mich deshalb überprüfen muss.

Dabei ist dieser Satz vom Besseren, der gewinnen soll, so wahrhaftig gemeint wie der Geburtstagswunsch an die Erbtante, sie möge noch lange, lange leben.

Ich denke darüber nach, dass die Ungerechtigkeiten eigentlich im Spiel eingebaut sind.

Wenn Fußball nicht so wäre wie das Leben selbst, nämlich voller Ungerechtigkeiten, kämen wir gar nicht in die Versuchung, uns so zu engagieren. Wenn alles immer ganz klar wäre, wie von den Torkameras im Eishockey geliefert, wären wir dann noch Fußballfans? Wenn stets der Bessere gewinnt, würde das für Gerechtigkeit sorgen, dem Spiel aber auch seinen Reiz nehmen.

Die meisten Anhänger nehmen falsche Entscheidungen gern in Kauf und ertränken sie anschließend im Bier.

Vielleicht sollte man Schilder aufstellen: Vorsicht, spielende Männer.

So bin ich zwar ein Homo ludens, ein Mann, der durch Spannung Spielleidenschaft erzeugen kann, aber auch ich darf nicht vergessen, dass Tor auch das Hauptwort von töricht ist.

(DT)

Einwürfe – Menschen und Macher

»Ich bin Angestellter des 1. FC Köln und würde auch trainieren, wenn der Trainer Willy Millowitsch hieße.«
Toni Schumacher

»Da geht er, ein großer Spieler. Ein Mann wie Steffi Graf.«
Jörg Dahlmann

»Ich habe nie an unserer Chancenlosigkeit gezweifelt.«
Richard Golz

6. Regeln und Rekorde

»Bei einem Fußballspiel verkompliziert sich alles durch die Anwesenheit der gegnerischen Mannschaft.«

Jean-Paul Sartre

Regelwerk – Mit Gottes Hand zum Kopfballtor

Ohne Regeln kann keine Gesellschaft existieren, kein Verein, kein Staat, keine Weltorganisation. »Jeder ist stark allein, stärker im Verein«, reimte der Schriftsteller Friedrich von Schlegel, und Friedrich Schiller schrieb: »Vereint sind auch die Schwachen mächtig.«

Der Deutsche Fußball-Bund ist der größte Verein der Welt. Manchen Mitgliedern kommt jedoch das Wort Verein zu klein vor. Sie nennen sich dann »Klub«. Es ändert nichts. Auch mit diesem Namen bleibt es ein Verein. Die Mitglieder sollten dabei nicht vergessen: Das Recht, sich mit einem gemeinsamen Ziel zu vereinigen, ist ein Recht, das unmittelbar aus der persönlichen Freiheit abgeleitet wird. Das Vereinswesen ist ein wichtiger Baustein für die Demokratie.

So weit meine ich es ganz ernst: Die Hand hat im Handgemenge zwischen Hand und Fuß nur wenige nennenswerte Vorteile. Sie ist als öffentliche Hand tätig, während wir einem öffentlichen Fuß noch nicht begegnet sind. Im Handumdrehen wird etwas erledigt – oder auch nicht –, von Fußumdrehen habe ich noch nie etwas gehört.

Im Fußball ist die Hand streng verboten, sie ist unfassbar. Nur der Torwart darf sie benutzen. Wer die Hand dennoch zu Hilfe nimmt, bewirkt einen Freistoß gegen sich.

Ein Freistoß ist ein Strafstoß, er heißt nur anders. Es ist

ein umfangreiches Stoßgeschäft aus Eck-, Straf-, Frei-, Kopf- und Abstößen.

Darin lässt sich nichts Abstoßendes finden. Ein Freistoß ist nichts Unanständiges, keine Freikarte für einen Abend in St. Pauli. Ein Freistoß bedeutet, dass ein Spieler einmal gegen den Ball treten darf, ohne dass er dabei gestört wird. Wobei ein Freistoß im Mittelfeld meistens harmlos, einer von der Strafraumgrenze aber brandgefährlich ist.

Nicht ungestraft, aber mit leichteren Folgen darf ein Spieler außerhalb des Strafraums seine Hand auf Bälle zubewegen. Nur wenn die Absicht zu offensichtlich ist, der Spieler sichtlich und absichtlich Handball spielt, dann fliegt er vom Platz.

Es ist ein Widerspruch in sich, wenn die Presse immer wieder fordert, das, was die Mannschaften tun, müsse Hand und Fuß haben. Die Hand kann man getrost vergessen.

Wir finden im Regelwerk zwei Ausnahmen. Zum einen den Einwurf. Der Ball hat das Spielfeld verlassen. Er muss wieder rein, und das erledigt der Spieler mit der Hand.

Zweite Ausnahme: Der Spieler legt sich den Ball für einen Strafstoß zurecht. Dann wird das Spiel unterbrochen, und der Spieler wird so gesehen, als sei er gar nicht da.

Diese Regel wird wohl bald geändert werden müssen. Spezielle Werfertypen trainieren den Einwurf so, dass er angeflogen kommt, als hätte ihn der Hengst einer Wildpferdeherde mit dem Hinterbein weggeschlagen.

Erwähnen müssen wir noch die »Methode Maradona«. Da spielt Gottes Hand mit – wenn er scheinbar ein Kopfballtor erzielt. Das halten Fußballkenner für nicht nachahmenswert.

Wenn ein Spieler irgendwo auf dem Platz einen Gegner über den Haufen rennt, nimmt das keinen besonders mit. Ein taktisches Foul wird schon ernster genommen. Vor allem, wenn sich zwischen Torwart und gegnerischem Stürmer niemand mehr befindet, der ein Tor verhindern könnte.

Den Stürmer dann festzuhalten, umzugrätschen oder ihm in die Beine zu treten gilt dann als »taktisches Foul«. Es ist Notwehr, könnte man auch sagen, weil der Gegner ja sonst einfach ausgerissen wäre. Betrachtet es der Schiedsrichter hingegen als »Notbremse«, darf der Spieler sofort zum Duschen. Es ist ja nicht so, als hätte ein Spieler auf dem Platz Platz. Er fliegt womöglich von diesem.

Das bewirkt in der Praxis: Wer den Ball leicht mit der Hand anschlägt, fliegt vom Platz. Wer in Kauf nimmt, dem anderen das Bein zu brechen, wird verwarnt und spielt im Normalfall weiter.

Ein Spieler fliegt natürlich nicht wirklich vom Spielfeld, da steht kein Flugzeug bereit. Er geht, allerdings schimpfend und gestikulierend. Er will alle Zuschauenden mit einer grandiosen schauspielerischen Leistung davon überzeugen, wie viel Unrecht ihm zugefügt wird.

Es ist nicht alles ganz logisch im Strafkatalog.

(DT)

Spitzengagen – Der Ballkontakt eines Spitzenspielers ist Gold wert

Fußballspieler waren schon immer etwas ganz Besonderes. Manchmal sind sie die Seele eines kleinen Dorfes, oft das Herz einer Großstadt und immer wieder – man denke nur an den Sieg des FC Bayern München in der Champions League 2013 – der Stolz einer ganzen Nation.

Und das lässt man sich was kosten. Für einen Spitzenspieler ist jeder Ballkontakt Gold wert – und das um einiges mehr, als in eine Zahnfüllung passt. Während Fußballer noch vor wenigen Jahrzehnten für ein bescheidenes Salär ihre Wunderpässe fabrizierten, sind die Superstars von heute vielfache Millionäre.

Einem jungen Fußballstar wird der erste Gehaltsscheck überreicht. »Sechs Millionen Euro«, sagt der Vereinspräsident, »herzlichen Glückwunsch. Was werden Sie denn mit dem vielen Geld anfangen?«
»Erst mal Schulden bezahlen.«
»Und der Rest?«, fragt der Präsident.
»Der Rest muss warten.«

»Wie hoch wird denn mein Gehalt sein?«, fragt der Starkicker.
»Zunächst 12 Millionen Euro, später wird es dann mehr.«
Spieler: »Dann komme ich lieber später noch mal.«

Kein Scherz, der Witz orientiert sich, wenn es um die Höhe der Gagen geht, tatsächlich an der Realität. In der Bundesliga sind gerade einmal volljährig gewordene Spieler schon Millionäre. Ein französisches Fußballmagazin veröffentlichte 2013 eine Einkommensliste der Spitzenspieler der Welt. Danach zählt David Beckham mit Jahreseinnahmen von rund 36 Millionen Euro als der absolute Topverdiener unter den Ballstars. Doch wie es beim Fußball üblich ist, sind ihm die Konkurrenten dicht auf den Fersen: Lionel Messi vom FC Barcelona verdient immerhin 35 Millionen Euro, der Portugiese Cristiano Ronaldo bringt es auf 30 Millionen, und die deutschen Kicker Bastian Schweinsteiger und Philipp Lahm spielen sich – im internationalen Vergleich allerdings weit im Abseits – jährlich jeweils 13,5 Millionen Euro in die Haushaltskasse.

Was ist der Unterschied zwischen einem Bankräuber und einem Fußballstar?
Der Bankräuber sagt: »Geld her, oder ich schieße!«
Der Fußballstar hingegen: »Geld her, oder ich schieße nicht!«

Da die Welt Hitparaden und Ranglisten liebt, gibt es natürlich auch eine Vermögensstatistik für Fußballspieler: Auch da trifft Beckham voll ins Schwarze: Sein Vermögen wird auf rund 200 Millionen Euro geschätzt. 133,7 Millionen Euro sollen – nach Meinung der Vermögensliste »Goal Rich List 2013« – auf dem Konto von Lionel Messi liegen. Cristiano Ronaldo hat sich 129,6 Millionen Euro erlaufen, Kaká bringt es auf 76,9 Millionen Euro, und Ronaldinho hat angeblich 72,9 Millionen Euro auf der hohen Kante.

Ein zu bescheidenem Reichtum gekommener Fußballer erkundigt sich in einer Schweizer Bank mit leiser Stimme: »Kann ich hier Geld anlegen?«
»Wie viel?«, fragt der Bankbeamte.
»Zwei Millionen Franken.«
Sagt der Bankbeamte: »Sie können ruhig lauter reden, Armut ist keine Schande!«

Immerhin befinden sich unter den 50 reichsten Fußballern Schätzungen zufolge auch drei Deutsche, die in den vergangenen Jahren ihrer Karriere ordentlich verdient haben: Miroslav Klose liegt auf Platz 29 (24 Millionen Euro), Philipp Lahm kommt ebenfalls auf 24 Millionen Euro, und Bastian Schweinsteiger belegt mit seinen 23,1 Millionen Euro immerhin Platz 35.

Doch auch Fußballtrainer verdienen heute Spitzengehälter. 2012 führte Reals Coach José Mourinho mit zehn

Millionen Euro Jahresgehalt die Liste der Spitzenverdiener seiner Zunft an. Bayern Münchens Trainer Jupp Heynckes verdiente etwa fünf Millionen Euro.

Früher waren die Summen vergleichsweise bescheiden. 1961 wollte Inter Mailand für Deutschlands Superstar Uwe Seeler gerade einmal 900 000 DM bezahlen – der deutsche Star blieb jedoch lieber in seiner Fußballheimatstadt Hamburg. Selbst der unvergessene Torjäger Gerd Müller verdiente in den Siebzigern »nur« rund 300 000 DM im Jahr.

Ein gestresster Fußballer aus der 2. Liga geht zum Psychotherapeuten. Dort kommt er in ein Wartezimmer mit zwei Türen. Über der einen steht »Mutter geliebt«, über der anderen »Mutter gehasst«. Er geht durch die Tür mit »Mutter geliebt« und steht erneut in einem Zimmer mit zwei Türen. Über der einen steht »Vater geliebt«, über der anderen »Vater gehasst«. Na, denkt er, ein bisschen Ödipuskomplex wird vielleicht sogar erwartet. Also geht er durch »Vater gehasst«.
Wiederum kommt er in ein Zimmer mit zwei Türen. Über der einen steht »Über 100 000 Euro Einkommen«, über der anderen »Unter 100 000 Euro Einkommen«. Er wählt die mit »Unter 100 000 Euro Einkommen« – und steht wieder auf der Straße.

Der brasilianische Weltmeister Pelé kassierte nach einer Schätzung von 1977 jährlich etwa vier Millionen Mark. Franz Beckenbauer wurde nachgesagt, dass er bei seinem Auslandseinsatz in New York gerade einmal ein Gehalt von sieben Millionen DM verdiente. Damals versuchte der Deutsche Fußball-Bund, den Weltklassespieler mit dem Job des Bundestrainers zu locken – Einkommen 10 000 DM monatlich. Würde Beckenbauer heute spielen, betrüge sein

Jahreseinkommen etwa 17,7 Millionen Euro. Das jedenfalls schätzte 2011 der damalige Trainer und Geschäftsführer des VfL Wolfsburg, Felix Magath.

> Ein Kreisligaspieler erholt sich in einem katholischen Krankenhaus von einer Verletzung. Eine der Nonnen erkundigt sich, wie er die Behandlung zu zahlen gedenke: »Haben Sie eine Krankenversicherung?«
> »Keine Krankenversicherung«, antwortet er.
> »Haben Sie Geld auf der Bank?«
> »Nein, keinen Cent«, antwortet er.
> »Haben Sie einen Verwandten, der Ihnen helfen könnte?«
> »Ich hab 'ne alte Jungfer zur Schwester, sie ist Nonne.«
> »Nonnen sind keine alten Jungfern«, antwortet die Schwester. »Nonnen sind mit Gott verheiratet.«
> »Ah, dann schicken Sie die Rechnung bitte an meinen Schwager«, erklärt der Patient.

Vielleicht tröstet es den einen oder anderen Fan, der die Entwicklung des Spitzensports zur Geldmaschine bedauert, dass mancher Großverdiener immerhin sein Herz für ärmere Zeitgenossen entdeckt hat. David Beckham etwa gibt einen Teil seines Einkommens für soziale Projekte aus und unterstützt schon seit Jahren die UNICEF als Botschafter. In London eröffnete er eine Akademie unter seinem Namen, die möglichst vielen Kindern dabei helfen soll, ihren Traum von einer Fußballerkarriere zu verwirklichen.

(PJ)

Rekorde – Ein Schlachtfest mit 31:0

Ein paar Tore mehr zu schießen als der Gegner ist in Ordnung. Doch wer zu viele Bälle im gegnerischen Kasten unterbringt, macht sich fast lächerlich. Ein Sieg von 31:0 etwa vermittelt nur schwer das Gefühl, dass da ein Sieg durch ein anständiges Spiel errungen wurde. Ein solches Torverhältnis hat eher den Charakter eines Schlachtfestes – und die meist von Gelächter durchsetzten Rufe der Fans bei jedem Treffer bestätigen das.

Der berühmte Film- und Theaterregisseur Max Ophüls befasste sich mit solchen Kettenereignissen, allerdings in einem anderen Zusammenhang: »Es ist das Geheimnis einer guten Ehe, einer Serienaufführung immer wieder Premierenstimmung zu geben.«

Aber genau das ist es, was die allzu torträchtigen Fussballsiege vermissen lassen – das Flair des Besonderen. Ein gut gesetzter Schuss, der das einzige Tor in einem Spiel markiert, ist oft mehr wert als etwa ein »entspanntes« 5:0.

Der Fußballprofi kommt stolz nach Hause: »Ich habe heute zwei Tore geschossen!«
»Und wie ist das Spiel ausgegangen?«
»1:1!«

Wer zu viele Tore schießt, gleicht einem Dick, der dem Doof eine Torte ins Gesicht schleudert, statt ihm nur ein Stück so elegant zu servieren, dass es wie aus Versehen im staunend geöffneten Mund landet.

Wer Fußball kennt, muss mit solchen peinlichen Rekordsiegen leben. Glücklicherweise passiert das nicht alle Tage – aber immer wieder einmal.

Das Länderspiel zwischen Australien und Amerikanisch-Samoa im Rahmen der Qualifikation für die Weltmeisterschaft 2002 machte letztlich auch nur Schlagzeilen wegen des ungewöhnlichen Torverhältnisses: 31:0.

Die Torschützen gehen bei solchen Spielen selten als Helden vom Platz. Wer 13 Tore schießt wie der Australier Archie Thompson oder acht Mal ins Tor trifft wie sein Schützenbruder David Zdrilic, kann nicht damit rechnen, als Starkstromspieler gefeiert zu werden.

Vater und Sohn bei der Fußballweltmeisterschaft. Sohn: »Warum rennen denn alle so hinter dem Ball her?«
Vater: »Na, wer die meisten Tore schießt, wird Weltmeister.«
Sohn: »Und die anderen?«
Vater: »Die natürlich nicht.«
Sohn: »Und warum rennen die dann so?«

Auch in Deutschland gibt es diese Art historischer Spiele. Im April 1978 etwa siegte Borussia Mönchengladbach gegen Borussia Dortmund mit 12:0. Das erste Tor fiel gleich in der ersten Minute – geschossen von Jupp Heynckes. Von da an befanden sich die Mönchengladbacher in einem wahren Tor- und Siegerrausch.

Unterhalten sich zwei Fans des 1.FC Köln.
»Mein Hund kann Kunststücke: Jedes Mal, wenn der FC ein Tor kassiert, macht mein Hund einen Salto.«
»Ist ja unglaublich! Vorwärts oder rückwärts?«
»Je nachdem, wo ich ihn treffe.«

Während in der Bundesliga solche Gewaltsiege eher selten sind, gibt es derartige Schlachtfeste in den unteren Ligen häufiger. Im Mai 2013 gewannen die Amateure von Werder Bremen das letzte Spiel der Saison mit 20:0 in der Regionalliga Nord gegen den SV Atlas Delmenhorst.

Bei solchen Torverhältnissen bleibt manchen Zuschauern der Jubel buchstäblich im Halse stecken …

(PJ)

Einwürfe – Regeln und Rekorde

»Ich schreie es raus. Ich scharre und kratze und haue gegen die Trainerbank. Aber ansonsten bin ich ganz ruhig.«

Felix Magath, Trainer

»Fair Play bedeutet, das Foul so versteckt zu machen, dass der Schiedsrichter es nicht sieht.«

Dieter Hildebrandt

»Seither bemühe ich mich, bei jeder leichten Berührung, bei jedem Zusammenstoß, bei jedem Foul im Gegner zuerst den Menschen zu sehen.«

Toni Schumacher nach einem Foul an Patrick Battiston

»Für mich gibt es nur entweder oder. Also entweder voll oder ganz.«

Toni Polster

»Und nun ein Einwurf. Nein, ein Eckball. Nein, ein Einball.«

Manni Breuckmann

»Ich habe zwei verschiedene Halbzeiten gesehen.«
Volker Finke

»Dann kam das Elfmeterschießen. Alle hatten die Hosen voll, aber bei mir lief's ganz flüssig.«
Paul Breitner

»Ja, Statistiken. Aber welche Statistik stimmt schon? Nach der Statistik ist jeder 4. Mensch ein Chinese, aber hier spielt gar kein Chinese mit.«
Werner Hansch

7. Jubel und Gesang

»Sutter hat in den Füßen mehr Gefühl als andere in den Händen. Bei ihm möchte man Ball sein.«

Thomas Klementz

Nationalhymnen – Italiener singen, was das Zeug hält

Auch Peer Steinbrück will, dass sie singen, unsere Jungs, unsere Nationalspieler. Angela Merkel scheint es eher egal zu sein. Der ehemalige DFB-Präsident Mayer-Vorfelder will das sowieso und radikal: Wer nicht singt, darf auch nicht Fußball spielen. Beckenbauer bestätigt, er habe es in seiner Zeit auch schon so gehalten.

Die Italiener haben es vorgemacht, wie man singt: begeistert, als ginge es um den Gefangenenchor aus *Nabucco*. Die Amerikaner geben sich ohnehin pathetisch: Hand auf die Brust und die Augen himmelwärts. Die Spanier singen gar nicht. Ihre Hymne hat keinen Text.

Die Nationalhymne tönt als etwas Heiliges. Es ist das höchste Lied, das auch wir singen lassen können.

Unsere Hymne hat es schließlich auch dem Fußball zu verdanken, dass sie erhalten blieb. Es gab ein paar Jahre, in denen wurde das deutsche Nationalgefühl nicht besungen. Wer es versuchte, wurde des Nationalismus verdächtigt. Da musste dann sogar ein Karnevalslied herhalten, um die deutschen Ansprüche auf nationales Liedgut zu besänftigen. »Wir sind die Eingeborenen von Trizonesien« hieß das Karnevalslied.

Im Fußball überwinterte die Hymne. Immer, wenn zwei Mannschaften unterschiedlicher Nationen gegeneinander antraten, wurde die Hymne wieder ausgepackt. Und gespielt!

Manchmal geschah das in abenteuerlichen Arrangements. Nur die Boxer waren noch besser. Die machten richtige Experimente, ließen ein Cello zur Blockflöte spielen oder andere gewagte Kombinationen aufführen: gespielt, trompetet, geflötet, gesungen, Chor oder Solo.

Fußball galt früher noch nicht so viel wie heute, wo politische Weltkonferenzen wegen eines Spiels unterbrochen werden und der Papst zusieht. Es reichte jedoch, um die Hymne überleben zu lassen. Inzwischen, spätestens seit dem fröhlichen Sommer 2006 – als Klinsmann die deutsche Nationalmannschaft munter gemacht hat –, haben auch die Deutschen ihre Zurückhaltung abgelegt. Die deutsche Gastfreundschaft hat Ruhm erlangt, die Hymne erscheint darin wie ein Partyschlager. Man muss aufpassen, dass man sie nicht leid wird.

Es sind zunehmend zwei Kompositionen, die bei Olympischen Spielen und Weltmeisterschaften das Ohr füllen: die amerikanische und die chinesische. Es soll schon Leute geben, die ihre Eintrittskarten zurückgeben, weil sie die Hymnen nicht mehr hören wollen. Die sitzen dann da mit dem Gefühl, zum achten Mal an einem Tag Spiegeleier serviert zu bekommen. Die amerikanischen Spiegeleier nimmt man ja noch eine Weile hin. Mit der chinesischen Hymne tue ich mich, ehrlich gesagt, schwerer. Trotzdem werden die Chinesen mehr und mehr Hymnenplätze erobern.

Die deutschen Fußballer haben mittlerweile etwas ausgelöst, das unser Nationalgefühl schwer getroffen hat. Sie verweigern das Mitsingen. Während nur ein Teil der zum Fußballspiel erscheinenden Spieler gequält den Mund für ein paar Töne öffnet, verweigern andere das Mitsingen total. Da musste man die nach uns singenden Italiener fast bewundern, wie sie sich ins Zeug legten – und sie gewannen dann auch.

Lukas Podolski berichtete, dass er aus Hochachtung vor seinem Heimatland Polen nur mitgebrummt habe. Klose äußerte sich so ähnlich, schon gegen Schweden sang er einige Töne mehr. Andere kommen sich offenbar ein bisschen kindisch vor, ein Lied, das inzwischen fast ein Kinderlied geworden ist, mitzusingen, mit oder ohne Hand auf der Brust.

Ein vernünftiger Betrachter meinte einmal, man solle die Hymne doch sehen wie eine Einladung. Und da gibt es eben Einladungen, denen man folgen muss, wo man verpflichtet ist.

Der *Kölner Stadt-Anzeiger* hat im August 2012 einen internationalen Hymnenwettbewerb veranstaltet, bei dem der Veranstalter der einzige Mitspieler war; er musste in Ämterhäufung das Publikum und die Juroren vertreten. Es war der von mir sehr geschätzte Kulturchef der Zeitung. Gewonnen hat die deutsche Festweise mit Haydn als stürmendem Komponisten.

Wenn ich mir ansehe, wie sich unsere Spieler mit der Hymne schwertun, sich mit ihren Hemmungen quälen, so kommen mir die Tränen. Dann kann ich nur sagen, mir werden die Bemühungen um unsere Hymne künftig fehlen, wenn es sie nicht mehr geben sollte. Halb sang er hin, halb sang er her.

(DT)

Liedgut – An Tagen wie diesen ist Fußball unser Leben

»Gummibär – Fummel Fummel Gummibär« heißt das furchtbare Fußballlied, das seit 2010 bei YouTube über sechs Millionen Mal angeklickt worden ist. Ein Video, das eigentlich jeden Fan aus dem Fußballstadion jagen müsste, denn da tanzen Gummibärchen in der Wüste und im Fußballstadion auf und mit einem Fußball herum und singen einen recht schrecklichen Song.

Wenn es um das Liedgut des internationalen Fußballs geht, sind der Fantasie und dem schlechten Geschmack keine Grenzen gesetzt. Die Musikindustrie mutet den Sportfans wirklich viel zu. Da heißt ein Titel »Hau den Lukas – der wahre EM Song 2012«, und ein anderer lautet »Ledapille – wir holen den Kelch«.

Mancher Song ist immerhin eine klare Aufforderung zum Sieg: »Jogi hol uns den Pokal«, ein Song zur WM 2012. Rund 100 000 Internetsurfer klickten den EM-Song 2012, »Fußballfieber«, an – eine klare Abstimmung mit der Maus. Etwas mehr, nämlich 111 000 Aufrufe, erreichte das offizielle UEFA-Euro-2012-Video »Alle Mann«. Und gerade einmal 25 000 mehr waren es bei dem Song »Im Osten geht die Sonne auf«.

Derartige Songs sind das kulturelle Beiwerk des Fußballsports. Mit der Musik werden die Fans von heute bei Laune gehalten, die Fans von morgen auf Fußballkurs gebracht oder schlicht Geschäfte gemacht. Dabei ist den Produzenten kein Liedtext zu schlicht, keine Melodie zu einfallslos.

Angefangen hat alles – nein, nicht mit mittelalterlichen Gesängen in den Kindertagen des englischen Fußballs, sondern viel, viel später: in den 1960er-Jahren. Eine Gruppe namens Liverpudlians nahm 1963 den Song »You'll never walk alone« auf und schickte ihn in die britischen Fußballstadien – die erste Fußballhymne war geboren. Das Lied, das eigentlich aus dem 1945 entwickelten Musical *Carousel* stammt, machte eine beispiellose Karriere.

Jahre später, als die Fußballsongs sich ihr Terrain erobert hatten, mischten viele nationale oder weltberühmte Gesangsstars mit. Und ein Fußballstar war auch schon früh dabei: Kaiser Franz Beckenbauer bot 1966 den Fans mit seinem Sprechgesang »Gute Freunde kann niemand trennen« eine ganz neue, na ja, musikalische Seite.

Michael Schanze traute sich mit »Olé España«, Peter Alexander mit »Mexico mi amor«, die Village People mit »Far Away in America« auf das schwierige Fußballfeld.

Bei den Weltmeisterschaften haben sich schon viele deutsche und internationale Gesangsstars versucht. Bei der WM 1990 in Italien ging Gianna Nannini mit »Un estate italiana« – Ein italienischer Sommer – an den Start. »Gloryland« hieß 1994 in den USA das Lied von Daryl Hall und Sounds of Blackness.

Zur WM 2006 – Deutschlands Sommermärchen – schickte die FIFA das Klassik-Pop-Quartett Il Divo mit »The Time of Our Lives« in die Welt. Auch ein FIFA-Kind war Herbert Grönemeyers WM-Hymne »Zeit, dass sich was dreht«. Mitgröl-Renner war aber vor allem »'54, '74, '90, 2006« von der deutschen Indie-Rock-Band Sportfreunde Stiller.

Die deutsche Nationalelf wollte es selbst wissen. 1974 griffen die Spieler das erste Mal zum Mikrofon. »Fußball ist unser Leben« schmetterten sie ihren Fans entgegen.

In der DFB-Zentrale wurde die Idee geboren, einen WM-Song aufzulegen. Musikproduzent Jack White, selbst ehemaliger Kicker, bekam den Auftrag, einen Song zu komponieren. Er bestellte Franz Beckenbauer, Gerd Müller und den Rest der Nationalmannschaft in sein Musikstudio und produzierte mit »Fußball ist unser Leben« einen Hit – und eine Goldene Schallplatte. Hier der komplette Text zum Mitsingen:

Ha! Ho! Heja heja he! Ha! Ho! Heja heja he!
Ha! Ho! Heja heja he! Ha! Ho! Heja heja he!

Fußball ist unser Leben,
denn König Fußball regiert die Welt.
Wir kämpfen und geben Alles,
bis dann ein Tor nach dem andern fällt.

Ja, Einer für Alle
Alle für Einen.
Wir halten fest zusammen,
und ist der Sieg dann unser
sind Freud' und Ehr' für uns alle bestellt.

Ein jeder Gegner will uns natürlich schlagen,
er kann's versuchen,
er darf es ruhig wagen,
doch sieht er denn nicht,
dass hunderttausend Freunde
zusammensteh'n

Ja! Wir spielen immer,
sogar bei Wind und Regen.
Auch wenn die Sonne lacht
und andere sich vergnügen,
doch schön ist der Lohn,
wenn hunderttausend Freunde
zusammensteh'n.

Ja! Fußball ist unser Leben,
denn König Fußball regiert die Welt.
Wir kämpfen und geben Alles,
bis dann ein Tor nach dem andern fällt.

Ja! Einer für Alle,
Alle für Einen.
Wir halten fest zusammen,
und ist der Sieg dann unser,
sind Freud' und Ehr' für uns alle bestellt.

Ha! Ho! Heja heja he! Ha! Ho! He!

Die Fans sangen »Fußball ist unser Leben« begeistert in Kneipen und am Spielfeldrand mit – genauso wie später bei Udo Jürgens' »Buenos dias Argentina«. Einige Jahre vergingen, bis sich die deutsche Nationalmannschaft vor jedem Spiel mit »Dieser Weg« von Xavier Naidoo motivieren konnte.

»Eine simple Mitsing-Melodie, dazu Bum-Bum-Gestampfe und ein paar Ethno-Elemente, die entfernt an den Austragungsort des Turniers erinnern«, formulierte ein Kritiker 2010 seinen Verriss über das Lied »Waka Waka« der Kolumbianerin Shakira zur Fußballweltmeisterschaft in Südafrika. Der Kritiker fragte: »Wieso ist Shakira, eine Pop-Multimillionärin mit Wohnsitz auf den Bahamas, Tochter eines libanesisch-amerikanischen Vaters und einer spanisch-kolumbianischen Mutter, eigentlich Afrika?«

Der NDR kam irgendwann auf die Idee, seine Zuschauer und Hörer nach den schönsten Fußballsongs zu fragen. Die machten begeistert mit und scheuten sich auch nicht, Schmankerln wie Theo Lingens »Der Theodor« oder Wencke Myhres Bekenntnis zur sonntäglichen Unterstützung des Liebsten hochzujubeln.

»You'll never walk alone« war rund ein halbes Jahrhundert nach seinem Start in der Fankurve der absolute Renner – diesmal in einer Interpretation von Gerry & The Pacemakers. Besonders gern gehört wurden auch die Lieder »Bayern« von den Toten Hosen, »We are the champions« von Queen, »Bin i Radi, bin i König« von Petar Radenković oder »Fußball ist unser Leben« von Jack White, Udo Jürgens und der Deutschen Nationalmannschaft.

In der Reihe der beliebtesten Fußballhits des NDR landeten aber auch »Ein Rudi Völler« von Klaus und Klaus, »Azzuro« von den Toten Hosen, »Ohne Holland fahr'n wir zur WM« von Helmut aus Mallorca sowie »Börti, Börti Vogts« von Stefan Raab und die Bekloppten oder »Dann macht es bumm« von Gerd Müller.

Noch nicht in der NDR-Wertung, aber ein absoluter Spitzenreiter wurde allerdings ein Lied der Toten Hosen. »Tage wie diese« war die erste Single des 2012 veröffentlichten Studioalbums »Ballast der Republik«. Rund 15 Millionen Mal klickten Fans das Lied allein auf YouTube an.

»Tage wie diese« wurde ein Megaerfolg. »Das Lied ist unsere Reaktion auf diese ganze Nostalgie, die einem am Vorabend von so einem Jubiläum wie unserem dreißigsten Geburtstag entgegenschlägt. Wir waren immer eine Band, die in der Gegenwart lebt und nach vorne blickt. Letztendlich geht es auch darum, den Moment zu zelebrieren. So wie du mit einem Freund auf ein Konzert oder eine Party gehst und weißt, das ist ein Abend, ein Moment, der so vielleicht nicht mehr wiederkommt. Eine solche Situation beschreibt das Lied«, sagt Campino, der Sänger der Toten Hosen.

Doch das wollte eigentlich niemand wirklich wissen. Für Deutschland war »Tage wie diese« ein Fußballlied, zumal die Toten Hosen regelmäßig die Düsseldorfer Fortuna-Spieler von der Tribüne aus anfeuern.

(PJ)

Was ist ein Fußballfan?

Ein Fanatiker, der bedingungslos dem von ihm verehrten Verein folgt und dafür auch bengalische Feuer anzündet und Tribünensitze und gute Stimmung zerstört?

Um das von Anfang an klarzustellen: Diese Chaoten sind keine Fans!

Fußballfans sind Freunde des Fußballs, denen die Freude am Spiel über alles geht.

Ein deutscher Fußballfan ist einer von 40 Millionen deutschen Fußballexperten. Er kennt die beste Mannschaftsaufstellung. Er weiß, warum der Verein beim nächsten Mal gewinnen muss. Er erkennt, warum der Trainer nichts taugt und die Niederlagenserie nun schon seit Wochen anhält. Fußballfans sind die Strategen der Vereine, die Spielereinkäufer, die Kampfgefährten.

Weltweit gibt es 240 Millionen Fußballspieler und wohl Milliarden Fußballfans. Allein der Deutsche Fußball-Bund hat rund sieben Millionen Mitglieder und ist damit der größte Einzelsportverein der Welt. Über 26 000 Vereine sind unter dem Dach des DFB vereint. Doch die größte Organisation im Weltfußball ist das »Lager der Fußballfans«, in dem sich Milliarden Menschen ohne Statuten, Medaillen und Brimborium zwischen Rhein, Niger und Tiber, zwischen Amazonas und Donau, Mississippi und Wolga vereinigt haben. Sie stehen während jeder Saison und an jedem Spieltag in der Woche am Spielfeldrand.

Sie leiden und freuen sich mit ihren Idolen, sie kommentieren deren Berufs- und Privatleben, sie verzweifeln an ihren Fehlschüssen, und ihr Selbstbewusstsein wächst mit den Punkten ihres Lieblingsvereins auf den Tabellen der Ligen.

Eingefleischte Fans demonstrieren schon durch ihre Kleidung Verbundenheit und Zugehörigkeit zu ihrem Klub.

Sitzt ein Schalke-Fan am Sonntagmorgen im Garten. Da fliegt eine Biene vorbei und setzt sich auf seinen Arm. Sagt der Schalke-Fan zur Biene: »Also, wenn du hierbleiben willst, musst du erst das Trikot ausziehen!«

Doch neben dieser recht überschaubaren Stadion-Fangemeinde existiert ein Millionenheer stiller Fans – jene anonyme Masse, die einen beträchtlichen Teil ihrer Freizeit vor dem Fernseher verbringt, um sich Sportsendungen und Liveübertragungen anzusehen.

Jeder Nichtfan kennt mindestens einen solchen Fußballfan. »Die *Sportschau* ist ein Klassiker, die hat mein Vater schon geguckt. Dafür halte ich mir samstags natürlich die Zeit frei«, sagt mein ganz persönlicher Fußballfan, der mich nun schon fast ein ganzes Leben lang begleitet. Mr. JS, auf dieses Pseudonym haben wir uns geeinigt, ist Fußballfan seit Geburt. Das Fußballblut des Vaters schießt mit Hochdruck durch seine Adern, seine ganze Liebe gehört dem Ball und dem Spiel, und seine bissigsten Kommentare und fantasievollsten Wortspiele entspringen seinem exzellenten Fußballhirn.

»Ich ging jeden Sonntag mit meinem Vater zum Fußball. Da war ich acht oder neun Jahre alt. Dort habe ich dann die beste Mannschaft meiner Heimatstadt unterstützt. Mein Vater war im Verein Kassierer, und ich durfte mit den Fußballern zusammen sein. Das war spannend, denn wenn sie gewonnen haben, haben sie immer schön gesungen zum Schluss. Richtig schöne Lieder. Ich durfte mitsingen und bekam immer Erdnüsse, wenn die abends essen gingen«, erinnert sich Mr. JS. Später, als Zwölfjähriger, erlebte er sogar die Premiere der Bundesliga – er weiß noch, wo und wann: »Auf Schalke, in Gelsenkirchen. Am 24. August 1963.«

Was fasziniert nun Mr. JS so am Fußball?

»Da ist die Ungewissheit und das, was auf einen zukommt, das ist das Spannende. Und ich kann bei einem Spiel wunderbar abschalten. Ich gehe da mit und kann mich auch ärgern, kann aber auch ein Gönner sein, wenn die Mannschaft gewinnt, die ich an und für sich nicht siegen sehen will.«

Seit der Entdeckung des Balls und der Erfindung des Fußballspiels hat es Milliarden Fans gegeben, die ähnlich wie Mr. JS ticken. Und doch ist für einen Fußballfan nichts typisch. Darum ist der Prototyp, also ein Max Musterfan, blond-, braun- oder schwarzhaarig, mit und ohne Bauch, männlich oder weiblich, klein oder groß gewachsen, mit blauen, braunen oder grünen Augen. Max Musterfan trägt Schal oder Schlips, Anzug oder Arbeitskittel, Minirock oder Küchenkittel, Stöckel- oder Arbeitsschuhe mit Stahlspitze. Kurz: Max Musterfan ist so vielfältig und verwechselbar wie kein anderer Typus Mensch und ist doch einer von Milliarden Menschen auf der Welt, die ähnlich ticken.

Fußballfans haben mehr Ahnung als alle Reporter und Moderatoren von Funk und Fernsehen zusammen. Darum reden Fußballfans immer mit und wissen meist ganz genau, wie man einen Ball richtig ins Tor bringt, wie man ein Foul nicht übersieht und wie man die richtige Mannschaft aufstellt. Sie haben das Abseits gesehen, bevor der Linienrichter die Fahne hebt. Sie haben die Schwalbe des Spielers schon im Ansatz erkannt und pfeifen, bevor der Schiedsrichter Luft holen kann.

Wissen ist wichtig. Vor allem für Max Musterfan, der beim Fachsimpeln über Fußball meist von jahrelanger, intensivbeobachtender Erfahrung als Zuschauer zehrt, sich heute aber mehr und mehr gegen ein Heer von Wissenschaftlern behaupten muss, die den Sport mit Forscherdrang in seine Kleinteile zerlegen – da gibt es sogar Untersuchungen von Untersuchungen: *Der Elfmeter im Fußball – Eine Wissenschaft für sich*, hieß die Analyse von achtzig Studien zum Elfmeterschießen, die die Kölner Sporthochschule gemeinsam mit den Universitäten Kassel und Münster vorlegte.

Der Lehrer fragt Karlchen: »Es gibt Millimeter, Zentimeter, Meter, Dezimeter, Quadratmeter. Was gibt es noch?«
Nach kurzem Überlegen antwortet Karlchen stolz:
»Elfmeter, Herr Lehrer!«

Während eines Fußballspiels sitzt der Trainer unruhig auf der Bank. Plötzlich springt er auf und ruft seinen Spielern zu: »Wieso kommt der Gegner so frei zum Schuss?«
Ein Spieler ruft genervt zurück: »Ist doch Elfmeter.«

Die Bedeutung eines Elfmeters im Fußball ist unbestritten – die Sportwissenschaftler Daniel Memmert, Norbert Hagemann, Bernd Strauß und ihre Mitarbeiter haben ganz genau hingesehen und stellten so fest: »Auf Seiten der Schützen sind die ›Trikotfarbe‹, die ›Wahl des Schützen‹, die ›psychologischen Fähigkeiten der Spieler‹ sowie die ›Schussstrategie‹ entscheidende Parameter für den Erfolg. So bewerten beispielsweise Torwarte ihre Chance, einen Elfmeter zu halten, als geringer, wenn der Gegner die Farbe Rot trägt (vgl. Hill & Barton, 2005).«

Wer diese Zeilen liest, spürt einen fast körperlichen Schmerz, bei dem jeder Spaß am Sport versiegt – Max Musterfan ist weit weg von solchen Expertisen. Sein Fußball entwickelt sich immer mehr zum Expertensport. Fernseh- und Hörfunkexperten, unter ihnen etliche ehemalige Profispieler, und eine ausdrucksstarke Riege von Sportwissenschaftlern drängen uns ihre Analysen auf – ohne Rücksicht darauf, ob der Spaß am Spiel dabei auf der Strecke bleibt. Die Wissenschaft und ihre Gehilfen prüfen das Verhalten von Spielern und Ball im Labor wie BMW oder Mercedes das Fahrverhalten ihrer Spitzenmodelle im Windkanal.

Doch bei aller berechtigten Wissenschaft: Der Fußball benötigt nicht mehr Spiel-, sondern dringend mehr Spaßmacher, zumal jetzt die Technik verstärkt auf den Rasen drängt: Das FIFA-Regelkomitee IFAB gab etwa Mitte 2012 einstimmig grünes Licht für die Einführung technischer Systeme, die dem Schiedsrichter anzeigen, ob der Ball die Torlinie überschritten hat oder nicht. Jetzt wird das Fußballfeld endgültig zum Spielball der Wissenschaft. Foul oder kein Foul? Abseits oder nicht? Das waren bis heute die Fragen, die Leidenschaften entfachten.

Ein schwarz gekleideter Mann klopft an die Himmelspforte. Petrus öffnet und fragt: »Warst du jemals ungerecht?«
»Ich war Fußballschiedsrichter«, antwortet der Mann. »Beim Spiel Italien gegen England habe ich Italien mal einen Elfmeter zugesprochen. Das war falsch.«
»Wie lange ist das her?«
»Etwa dreißig Sekunden!«

Fußballfans sind leidenschaftlich und wollen es auch bleiben. Weil es gute und schlechte Spiele und Spieler gibt. Weil es immer einen Grund gibt, sich über ein Spiel oder einen Spieler zu ärgern. Weil Schiedsrichter immer wieder richtige und falsche Entscheidungen treffen. Weil man Glück beim Spiel haben muss, um zu gewinnen – und weil jeder mit seiner Mannschaft gewinnen will.

Fußball kann einen Menschen so begeistern, dass er selbst im hohen Alter nicht davon lassen kann. Die wahre Geschichte eines Fans in einem Altenheim erzählt, dass ein Pfleger das Zimmer einer 103-Jährigen betritt und die Lautstärke aus dem Fernsehgerät der Geräuschkulisse eines Fußballstadions gleichkommt. Die alte Frau sitzt mit einer Flasche Asti Spumante etwa einen halben Meter vor dem Fernsehgerät und empfängt den Pfleger grußlos mit den Worten: »Die Blauen kannste vergessen! Die taugen nüscht!«

Fragt der Pfleger: »Wer spielt denn da?«

Sagt die 103-Jährige: »Das steht da oben irgendwo. Ich kann's nicht lesen!«

So schön einfach kann die Leidenschaft eines Fußballfans sein. Eben.

(PJ)

Einwürfe: Jubel und Gesang

»Früher war ich ein großer Fan von Mönchengladbach. Doch da hatte ich noch keine Ahnung vom Fußball.«
Marco Reich

»Wenn bei einem Auswärtsspiel keiner ruft: ›Kirsten, du Arschloch‹, dann weiß ich genau, dass ich schlecht bin.«
Ulf Kirsten

»In acht Minuten drei Tore, was können wir als Kassenpatienten mehr verlangen!?«
Marcel Reif

8. Spielpause – Witze und Gedöns

»Es steht im Augenblick 1:1, aber es hätte auch umgekehrt lauten können.«

Heribert Faßbender

Lustiges – Jede Menge Stoff, um das Lachen zu trainieren

»Mein Arzt hat mir geraten, mit dem Fußballspielen aufzuhören.«
»Ist irgendetwas gesundheitlich nicht in Ordnung?«
»Nein, das ist es nicht, er hat mich nur spielen sehen.«

Der Trainer sagt: »Schulze, Sie spielen morgen gegen Meier!«
»Lieber Himmel, der tritt doch gegen alles, was sich bewegt«.
Trainer: »Dann haben Sie ja nichts zu befürchten.«

Ein kleiner Junge sitzt auf der Ehrentribüne.
Einer der Ehrengäste fragt: »Na, Junge, woher hast du denn die Ehrenkarte?«
Der Junge erwidert: »Von meinem Vater.«
»Und dein Vater konnte nicht?«
»Doch, der konnte schon, aber der sucht seine Ehrenkarte.«

Ein Pferd kommt an die Stadionkasse und sagt: »Einmal Stehplatz, bitte.«
Die Verkäuferin erschrickt und sagt: »Mein Gott, Sie können ja sprechen!«

Da sagt das Pferd: »Ja, aber während des Spiels bin ich ganz ruhig.«

Ein Pferd kommt an die Stadionkasse und verlangt zwei Stehplätze. Aber nebeneinander.

Ein durch die Weltmeisterschaft populär gewordener Spieler wird nach dem Besuch einer Kunstausstellung gefragt: »Was denken Sie denn über Toulouse-Lautrec?«
»Och«, antwortet der, »ich tippe 2:1.«
Derselbe Spieler wird zu einer Literaturveranstaltung eingeladen. Ein Reporter fragt ihn hinterher: »Was halten Sie denn von Rainer Maria Rilke?«
»Och«, antwortet der, »die sind alle drei in Ordnung!«

Was macht ein Schalke-Fan, nachdem Schalke Meister geworden ist? Er macht die Playstation aus und geht schlafen.

Schalke war schon lange nicht mehr so nah an der Meisterschaft. Bis Dortmund sind es nur 30 Kilometer.

Sagt der Trainer zu seiner Fußballmannschaft: »Jungs, warum seid ihr denn immer so langsam?«
Sagt ein Spieler: »Ja, du machst uns doch immer zur Schnecke.«

Kommt Beckhams Sohn von der Schule wieder. Er hat sein Zeugnis dabei und strahlt über beide Ohren!
Da fragt ihn Beckham: »Na, wie ist dein Zeugnis?«
Sohn: » Sehr gut! Ich hab den Vertrag mit der 3. Klasse verlängert!«

Der Mannschaftsarzt vom VfL Bochum zum Thema »Doping im Fußball«:
»Doping im Fußball bringt nix – das Zeug muss in die Spieler!«

Olli Kahn sitzt daheim und macht Kreuzworträtsel. Der beste Torwart der Bundesliga mit vier Buchstaben?
Olli will »ich« reinschreiben und merkt, dass »ich« nur drei statt vier Buchstaben hat. Nach langem Überlegen fragt er seine Frau. Die meint »du«! Aber nach kurzem Ausprobieren merkt Olli, dass auch »du« nicht passt. Schließlich legt er das Kreuzworträtsel beiseite und macht was anderes, vielleicht, denkt er, fällt ihm ja später die Lösung ein. Als er abends im Bett liegt, schießt er hoch und meint: »Liebling, jetzt weiß ich die Lösung, die meinen ›MICH‹.«

Nach einer erneuten Niederlage der Trainer zu seinen Spielern: »Am besten fangen wir noch mal ganz von vorne an. Also: Das hier ist ein Fußball …«
Zwischenruf aus der letzten Reihe: »Kann ich das Teil noch mal sehen?«

Ottmar Hitzfeld zu Mario Basler auf dem Trainingsplatz: »Mario, wann seh ich endlich wieder einmal etwas von dir?«
Mario: »Morgen Abend um 19.55 Uhr im Werbefernsehen.«

Häßler, Littbarski und Thon gehen in eine Kneipe und bestellen sich beim Wirt:
»Drei Kurze!«
Der entgegnet: »Das sehe ich, aber was wollt ihr trinken?«

Möller humpelt vom Platz. Besorgt kommt ihm Michael Skibbe entgegen und fragt:
»Schlimm verletzt?«
Möller: »Nee, mein Bein ist eingeschlafen!«
Skibbe: »Na gut, geh duschen!«
Möller: »Wieso? Ich hab doch gar nicht geschwitzt!«

Die Nationalmannschaft kommt von einem Länderspiel wieder und steht am Zoll:
»Alkohol, Zigaretten, Parfüm?«, fragt der Zollbeamte.
»Nein, danke!«, sagt der Trainer, »aber einen Kaffee können Sie uns bringen!«

Michael Skibbe beim Arzt: »Herr Doktor, niemand beachtet mich so richtig!«
Arzt: »Der Nächste bitte!«

Was sagt Ottmar Hitzfeld, wenn Oliver Kahn auf den Platz rennt?
»Der tut nichts, der will nur spielen!«

Ein BVB-Fan betritt eine Kneipe und ruft in die Menge:
»Hey, wer will einen super Schalke-Witz hören?«
Am Tresen dreht sich ein glatzköpfiger Kerl um und sagt:
»Ich bin 1,93 Meter groß und 140 Kilo schwer und ein S04-Fan. Mein Kumpel neben mir ist 2 Meter groß, wiegt 150 Kilo und ist auch S04-Fan, und sein Kumpel ist sogar 2,03 Meter groß und 166 Kilo schwer und ebenfalls S04-Fan!
Möchtest du uns deinen Witz immer noch erzählen?«
Darauf der Dortmunder: »Lieber nicht, bevor ich ihn drei Mal erklären muss.«

Vor jedem S04-Heimspiel wird aus dem Hauptfanblock ein Kandidat für ein Gewinnspiel ausgewählt. Man muss nur eine Frage richtig beantworten, dann bekommt man eine Dauerkarte für die nächste Saison geschenkt.
Chantal wird ausgewählt, der Stadionsprecher beginnt: »Also Chantal, wenn du mir diese eine Frage beantwortest, hast du gewonnen. Also, was ergibt 3 × 3?«
Chantal: »5.«
Der Stadionsprecher guckt erschrocken. »Äh, nee.«
Das ganze Stadion singt: »Gib sie noch 'ne Chance. Gib sie noch 'ne Chance.«
Stadionsprecher: »Okay, wenn ihr denn alle wollt, na gut. Chantal, was ist 3 × 3?«
Chantal: »7.«
Der Stadionsprecher bekommt einen Schweißausbruch, das Stadion singt wieder: »Gib sie noch 'ne Chance! Gib sie noch 'ne Chance!«
Stadionsprecher: »Na ja, was soll ich denn machen? Chantal, nun hör mal, das ist doch nicht so schwer, was ist 3 × 3?«
Chantal: »9.«
Das Stadion: »Gib sie noch 'ne Chance! Gib sie noch 'ne Chance!«

Der Fußballspieler fragt den Schiedsrichter: »Wie heißt denn Ihr Hund?«
»Ich habe keinen Hund.«
»Oh, das tut mir aber leid. Blind – und keinen Hund.«

Fußballtrainer zum Spieler: »Sie sind so engagiert. Mit Ihrer breiten Brust sind Sie genau der Richtige für unser Team.«
»Ist es nicht wichtig, dass ich auch gut spielen kann?«
»Nein, Hauptsache, die Werbefläche ist groß genug!«

»Warum fährt der Mannschaftsbus von Eintracht Braunschweig neuerdings über jede rote Ampel, die er kriegen kann?«
»Die haben gehört, dass man damit wenigstens ein paar Punkte in Flensburg holen kann.«

Kevin Kurányi kommt vor dem ersten Spiel gegen Polen in die Kabine und klopft Miro Klose und Mario Gómez auf die Schultern. »Jungs, ich spiele heute auf jeden Fall.«
Die beiden schauen verwundert.
»Ja, da guckt ihr. Jogi meinte, ich bin der Letzte, den er heute einwechseln würde.«

Der Papst macht Urlaub am Meer. Beim Spaziergang sieht er, wie ein Mann mit einem Dortmund-Trikot von einem Hai angefallen wird. Im nächsten Moment kommt ein Motorboot vorbei mit zwei Männern in Schalke-Trikots. Der eine springt selbstlos ins Wasser, tötet den Hai. Der andere zieht den mit dem Dortmund-Trikot aus dem Wasser. Der Papst ist völlig überrascht. Sofort geht er zu den Männern und sagt: »Für euren selbstlosen Einsatz werde ich euch heiligsprechen.«
Nachdem der Papst weg ist, sagt der eine Schalker zum anderen: »Wer war das denn?«
Sagt der andere: »Keine Ahnung, aber guck mal nach, ob unser Köder noch in Ordnung ist.«

Ein Mann sitzt im eigentlich ausverkauften Stadion des WM-Finales und hat neben sich einen leeren Sitz. Irritiert fragt er den Zuschauer auf der anderen Seite des leeren Platzes, ob der Platz jemandem gehöre.
»Nein«, lautet die Antwort. »Der Sitz ist leer.«
»Aber das ist doch unmöglich! Wer in aller Welt hat eine

Karte für das WM-Finale, das größte sportliche Ereignis überhaupt, und lässt dann den Sitz ungenutzt?«
»Nun, der Sitz gehört zu mir. Meine Frau wollte mitkommen, aber sie ist kürzlich verstorben. Es ist das erste WM-Finale, das wir uns nicht gemeinsam ansehen können, seitdem wir geheiratet haben.«
»Oh, das tut mir leid. Aber wollte denn niemand Ihrer Verwandten oder Freunde an ihrer Stelle mitkommen?«
Der Mann schüttelt den Kopf: »Nein, die sind alle auf der Beerdigung.«

Der Trainer nach einer verheerenden Niederlage: »Ich habe vor dem Spiel gesagt: ›Spielt, wie ihr noch nie gespielt habt‹, und nicht: ›Spielt, als ob ihr noch nie gespielt habt.‹«

»Zwei Dinge, mein Junge«, sagt der Trainer nach dem Spiel, »sind es, die dich hindern, ein großer Fußballspieler zu werden.«
»Und welche?«
»Dein linkes und dein rechtes Bein.«

Der Gast auf der Tribüne: »Ich hab schon besseren Fußball gesehen.«
Der Präsident des Vereins: »Aber nicht von meiner Mannschaft!«

Schimpft Sepp Herberger mit seinem Mittelstürmer: »Warum hast du Trottel denn ein Eigentor geschossen?«
»Ach Gott«, zuckt dieser die Schultern, »die Tore sehen alle so gleich aus.«

Ein Kreuzfahrtschiff beginnt zu sinken. Der Kapitän schreit: »Gibt es an Bord jemanden, der gut mit einem Ball umgehen kann?«
Ein Profifußballer meldet sich und ruft: »Klar, hier bin ich.«
»Super«, begeistert sich der Kapitän und wirft dem Mann einen Ball zu, »wir haben leider eine Schwimmweste zu wenig an Bord!«

Ungewöhnliches – Fragen am Spielfeldrand

Felix Magath

Frage: »Man sagt von Ihnen, Sie seien ein Intellektueller.«

Magath: »Das sagen die Leute nur, weil ich eine Brille trage«.

Kurzinterview mit Hennes Weisweiler, der mit dem 1. FC Köln 1978 das Double holte, also Meisterschaft und Pokal. Seine Einschätzung des 1. FC Köln könnte heute noch genauso ausfallen.

»Der Kölner Mannschaft ist es gelungen, auch Laien so für Fußball zu interessieren, dass sie morgens als Erstes fragen: ›Wie hat der FC gespielt?‹ So wird aus der ganzen Bevölkerung eine Art Fußballmannschaft. Es kamen Hunderttausende in die Stadt, um das Double zu feiern. Die Mannschaft verkörpert etwas mit ihrem Leichtsinn, aber auch mit ihrer Arbeitsamkeit, das der Mentalität dieser Stadt in weiten Teilen entspricht. Deswegen ist die Mannschaft auch so beliebt.«

Weisweiler ist 1983 verstorben.

(DT)

Unmögliches – An der Grenze von Wahrheit und Fantasie

»Zeigen Sie mal Ihren Pass!«, forderte der Zollbeamte Günter Netzer auf.

Der fragte: »Wo haben Sie denn den Ball?«

Es war keiner da, es muss ein Steilpass gewesen sein.

Ich habe an einer Diskussion teilgenommen, in der es um die Frage ging, ob die Zehen überflüssig werden könnten. Schuhe, zum Beispiel, würden dann bis zwanzig Prozent billiger. Ein Teilnehmer: »Dann wäre Bergsteigen unmöglich.«

Ich bin kein Bergsteiger, mich würde das nicht treffen, aber der am Tisch sitzende Reinhold Messner erzählte, ihm seien wegen Erfrierungen fast sämtliche Zehen entfernt worden. Er wurde im Scherz als Fußballtrainer vorgeschlagen, um ein Team auf den Abstieg vorzubereiten.

Übrigens: Der Vorsitzende von Borussia Dortmund heißt so, wie sie nicht mehr spielen wollen: Rauball.

Der linke Innenverteidiger geht auf den gegnerischen Stürmer zu und sagt: »Nehmen Sie es mir nicht übel, ich werde Sie von Zeit zu Zeit stören.«

Als Toni Polster beim 1. FC Köln spielte, gewann der FC zweimal nacheinander. Er erklärte dazu: »Die Serie wird mir langsam unheimlich!«

Vielleicht sollte sich der 1. FC Köln Erster F-Zeh-Köln nennen. Man könnte dann reagieren: Bei Abstieg »Kleiner F-Zeh«, bei Wiederaufstieg »Großer F-Zeh«.

Felix Magath, der Schach spielende Fußballtrainer, wurde gefragt, ob es auch beim Fußball wie beim Schach ein Damenopfer gebe.

Antwort: »Ja, jede Woche vor dem Spiel, ins Trainingslager dürfen die Frauen der Spieler nämlich nicht mit.«

Trainer sind keine Leute, die an Bewegungsarmut erkranken. Hennes Weisweiler: »Der Trainer kommt und geht, und wenn er sitzt, springt er meistens auf.«

Die Österreicher haben ihr Bundeskanzleramt an den Ballhausplatz gelegt. Aber die Beziehungen unseres Bundeskanzleramts zum Fußball sind noch feiner gesponnen. Da geht die Kanzlerin sogar mit in die Kabine.

Braucht man beim Fußball einen gewissen Einfallsreichtum?

Antwort: Ja, wir sagen freitags voraus, warum wir am Samstag gewinnen werden, und werden spätestens sonntags sagen können, warum wir verloren haben.

Der Trainer Rainer Zobel hatte eine eigene Art zu trainieren. Er trainierte ohne Ball: »Ohne Ball kann man nicht spielen, also muss man ihn erst mal erkämpfen.« Was aber soll ein Spieler ohne Ball lernen, außer Kondition zu tanken? Sich Kondition aneignen, das kann man aber auch mit Ball, und dann macht es doppelt so viel Spaß.

Ich kann mir nicht vorstellen, dass Spieler gut spielen können, wenn sie keinen Spaß daran haben. Training ohne Ball kann diesen nicht vermitteln.

Aufregende Statistik, oder was wir immer schon wissen wollten: Die Mannschaft hat noch nie ein Auswärtsspiel an einem Montagabend gewonnen (Dynamo Dresden).

Warum wir dieses Spiel verloren haben, das wir nicht verlieren durften. Gründe für den Misserfolg:

1) Der Schiedsrichter hat falsch gepfiffen.

2) Die Mannschaft wurde falsch aufgestellt.

3) Erst hatten wir kein Glück, und dann kam auch noch Pech dazu.

Hannover 96 hat einen Star aus Japan gekauft. Er ist unglaublich begabt, auf allen Positionen. Hashimoto, so heißt er, ist schnell, spielt tödliche Pässe und hat einen Torabschluss wie kein anderer. Schwierig ist nur: Immer, wenn er einen Ball stoppt, verbeugt er sich, und dann klaut ihm der Gegner den Ball.

Der Wirt hinter der Biertheke blickt erstaunt auf seine ersten Gäste an diesem trüben Nachmittag. Jedenfalls hält er sie dafür.

Ein Mann führt einen mittelgroßen Hund an der Leine und sagt: »Ich habe einen wahnsinnigen Durst und kein Geld eingesteckt.«

»Das trifft sich schlecht!« Der Wirt ist knurrig.

»Jetzt biete ich Ihnen an: Sie unterhalten sich mit meinem Hund über Fußball und spendieren mir ein Bier!«

»Sie behaupten also, Ihr Hund kann sprechen?«

»Nur über Fußball. Das behaupte ich nicht nur, das kann ich beweisen.

Aufgepasst, Hasso!«

Der Hund setzt sich und sieht seinen Herrn an.

»Wie heißt der spanische Mittelstürmer, der lange Zeit auf Schalke gespielt hat?«

Hasso legt den Kopf schief und würgt ein Geräusch hervor, das man ein durch Knurren unterbrochenes Bellen nennen könnte: »Wroffz«.

»Na?« Der Hundebesitzer wartet auf Lob. Doch das bleibt aus.

»Wollen Sie mich veräppeln? Der Hund hat nur gebellt. Wie jeder Hund.«

»Raúl heißt der Mann. Und genau das hat er gesagt. Das können Sie ja wohl nicht bestreiten.«

»Der Hund hat ja noch gar nichts gesagt. Er hat gebellt. Das tut jeder Hund«, schimpft der Wirt.

Der Gast stellt sich vor seinem Hund auf. »Dann werden wir eben noch einen draufsetzen: Hasso, pass auf, wie heißt der Trainer von Borussia Dortmund?«

Hasso bellt: »Wroffz«.

Der Hundebesitzer springt vor Begeisterung in die Luft. »Ja, ›Klopp‹ hat er gesagt! Das ist richtig, das können Sie doch nicht abstreiten.«

»Ach, hauen Sie doch ab! Dieser Köter kann so wenig über Fußball reden wie ich Klavier spielen! Nämlich gar nicht.« Der Mann hinter der Theke ist sichtlich verstimmt.

»Noch ein Versuch«, bettelt der hartnäckige Gast.

»Ich habe ›Schluss‹ gesagt.«

Aber der Gast ist nicht zu bremsen: »Hasso, pass auf! Wie heißt der bedeutendste Nationalspieler der Niederlande, der holländische Beckenbauer?«

»Wroffz«, verkündet Hasso. »Cruyff!«, schreit der Hundebesitzer. »Haben Sie es gehört?«

»Ich habe es nicht gehört, und Sie haben es nicht gehört. Verlassen Sie jetzt endlich mein Lokal.«

Als der Mann mit seinem Hund durch die Tür nach draußen geht, guckt der Hund traurig hoch und fragt: »Hätten wir vielleicht besser Podolski nehmen sollen?«

(DT)

9. Dramen und Attacken

»Wenn wir hier nicht gewinnen, dann treten wir ihnen wenigstens den Rasen kaputt.«

Rolf Rüßmann

Untugenden – Die Angst des Spielers vor dem Nachspiel

Drei deutsche Tugenden vermuten ausländische Zuschauer immer bei uns: Fleiß, Zuverlässigkeit und Gründlichkeit. Damit gewannen wir, wenn wir gewannen.

Jetzt haben wir in sieben Minuten eine Untugend entdeckt: die Selbstüberschätzung. Dennoch wurde in den letzten sieben Minuten des CL-Halbfinalspiels Borussia Dortmund gegen Real Madrid – sofern man den Kommentatoren Glauben schenkt – eine neue Ära eingeläutet. Das geschah, weil damit zum ersten Mal zwei deutsche Mannschaften im Endspiel der Champions League standen: zum einen Borussia Dortmund und zum anderen die Bayern, die das Halbfinalspiel gegen den FC Barcelona mit einer beinahe erschreckenden Überlegenheit 7:0 gewannen – beide Spiele zusammengezählt.

Die Bayern spielten einen traumhaften Fußball. Erinnern wir uns aber an Dortmund:

Ein beruhigendes 4:1 aus dem ersten Spiel, dem Hinspiel, hatte die Dortmunder eingelullt. Sie mussten den Vorsprung nur noch über die Runden bringen. Wie schnell so etwas schiefgehen kann, hatten sie selbst vorher im Spiel gegen Málaga erfahren, als sie in drei Minuten zwei Tore schossen und sie den Spaniern, die vorher 2:1 geführt hatten, den Erfolg stahlen.

Mit Recht mögen die Dortmunder das beim Spiel in

Madrid im Kopf gehabt haben, als die Spanier das Tor schossen, das Dortmund zum Zittern brachte. Noch stand es 4:2 für Dortmund. Madrid würde doch nicht etwa den Rückstand aufholen? Madrid holte auf. Es fiel das dritte Tor für die Spanier zum 4:3. Könnten die Dortmunder, spürbar von Panik befallen, den Sieg über die Zeit retten, oder könnten die Männer aus Madrid das eine Tor noch schießen und ins Finale einziehen? Bange sieben Minuten war dies in der Schwebe, lange sieben Minuten. Es blieb beim knappen 4:3.

Es ist eine ganz unbegreifliche Nervosität, die unsere Mannschaften, an denen wir hängen, befällt, wenn die Nachspielzeit beginnt. Ich möchte sie gern »Torschlusspanik« nennen.

Torschlusspanik hat auch mit Fußball zu tun. Es gab sie zum letzten Mal in Leipzig 1824. Da wurde das letzte Mal ein Stadttor geschlossen. Wer bis dahin, also nach Torschluss, kam, musste bezahlen, wenn er noch reinwollte. Die moderne Torschlusspanik wurde mit den Parkgebühren 1950 wieder eingeführt.

Der frühere Oberbürgermeister von Stuttgart interpretierte das so: »Man sieht von hier aus sehr gut, wie Autos links in die Stadt hineinfahren, um einen Parkplatz zu suchen, und rechts sieht man sie wieder herausfahren, weil sie keinen gefunden haben.«

Aber nach dem Sieg war im Fußball ein deutsches Zeitalter angebrochen. So schrieb es jedenfalls die ausländische Presse. Nun hatten die anderen Grund, doch mal neidisch zu nicken, wenn die Deutschen auf den Platz kommen.

Man könnte jetzt sagen, die Überlegenheit des FC Bayern allein rechtfertige diese Beurteilung. Die Ära aber hätte sich weniger verändert, und die Überlegenheit der Deutschen wäre nicht ganz so eindeutig gewesen, wenn nur eine deutsche Mannschaft im Endspiel gewesen wäre.

Sieben Minuten, in denen sich die Fußballwelt so oder so verändert – reicht das schon aus? Die Anhänger haben sieben Minuten gezittert, doch von Überlegenheit war bei den Dortmundern nichts mehr zu spüren. Sie »zitterten sich ins Finale«, wie die Zeitungen schrieben.

Man ist nicht überlegen, wenn man zittern muss, und die angebliche deutsche Überlegenheit macht sich zu sehr vom Ergebnis abhängig und berücksichtigt nicht die Art und Weise, mit der es errungen wurde.

Hier steht eine deutsche Untugend den Tugenden gegenüber: die vorschnelle Überheblichkeit. Wir haben sie nicht erfunden. Sie wird uns in den großen Sportzeitungen der Welt eingeredet. Seit 2006, seit der WM in Deutschland, sind wir auf dem Weg in die Zukunft. Wir können nichts dazu, wenn andere uns zu hoch loben. Wir können höchstens besorgt sein darüber, dass wir es zu gern glauben.

Vielleicht hat sich bis zum Erscheinen dieses Buches die Fußballwelt wirklich verändert. Dann ziehe ich kleinlaut meinen Hut und wünsche viel Glück.

(DT)

Reservebank – Kurze Auszeit mit großen Folgen

Michael Rensing, Torwart der Fortunen aus Düsseldorf, schaffte es im Juli 2013 bundesweit in die Schlagzeilen: Weil er zum Bundesliga-Saisonauftakt gegen Energie Cottbus nicht im Tor stehen durfte, trat er kurzentschlossen nicht zum Spiel an, sondern vor dem Stadion auf das Gaspedal seines Wagens. Welche Entschuldigung Rensing später für seinen Trainer parat hatte, weiß man nicht. Vielleicht hat er sich ja an folgenden Witz erinnert:

> Sagt der Spieler auf der Ersatzbank: »Auch auf der Reservebank ist es sehr gefährlich, schließlich könnte ich ja beim Spiel einschlafen und von der Bank fallen!«

Rensing hatte jahrelange Erfahrung mit der Reservebank und war es wohl leid, der ewige Zweite zu sein. Denn das hatte er bereits bei den Bayern erlebt, wo er zuerst ständiger Vertreter von Starkeeper Oliver Kahn war und nach dessen Ausscheiden im Jahr 2008 als Aufsteiger gehandelt wurde.

Doch niemand hatte mit Trainer Jürgen Klinsmann gerechnet, der Rensing erneut auf die Reservebank schickte und statt seiner Hans-Jörg Butt zwischen die Pfosten stellte.

> »Herr Doktor, jede Nacht träume ich, ich wäre Torwart beim FC Bayern München. Was kann ich dagegen tun?«
> »Sie sollten sich vor dem Einschlafen ablenken. Denken Sie doch einfach an ein tolles Mädchen!«
> »Das habe ich schon getan, aber seitdem sitze ich jede Nacht auf der Reservebank!«

Rensing ist nicht der Einzige, der angesichts der Ersatzbank die Nerven verlor. Er hat berühmte Kollegen. Sein aufsehenerregender Abgang erinnerte zum Beispiel an die Klassespieler Diego und Kevin Kurányi, die sich ähnliche Extratouren geleistet haben.

Der Brasilianer Diego musste 50.000 € Strafe bezahlen, weil er 2011 die Mannschaftssitzung des VfL Wolfsburg verließ, nachdem er erfahren hatte, dass er beim Abstiegskampf gegen Hoffenheim nicht in der Startelf stehen sollte. Trainer Felix Magath erklärte lapidar: »Wir haben für die Schwere des Vergehens das richtige Strafmaß gefunden.«

Kevin Kurányi wiederum ließ 2008 seine Kollegen beim DFB-Länderspiel gegen Russland im Stich – er fuhr in der Halbzeitpause nach Hause, weil er im Kader von Bundestrainer Joachim Löw keine Berücksichtigung gefunden hatte. Die Strafe für diese Extratour: Löw warf ihn aus der Nationalmannschaft. Interessant auch, wie Jens Lehmann in der Bundesliga-Saison 1992/1993 damit umging, auf der Reservebank Platz nehmen zu müssen. Beim Spiel Schalke gegen Leverkusen verließ er vorzeitig das Stadion und fuhr mit der S-Bahn nach Hause.

Lehrerin: »Nenne mir drei berühmte Männer, die mit B beginnen.«
Schüler: »Ballack, Basler, Beckenbauer!«
Lehrerin: »Hast du denn noch nie etwas von Bach, Brecht oder Brahms gehört?«
Schüler: »Nein, Ersatzspieler interessieren mich nicht!«

Zum Glück haben sich die Zeiten geändert. Heutzutage ist es ja eine Ehre, auf der Reservebank zu sitzen – zumindest, wenn man ein Weltklassespieler ist und bei den Bayern unter Vertrag steht. Noch nie saßen in der First Class des internationalen Fußballs so viele hervorragende Spieler auf der Reservebank wie bei Bayern München.

28 Spitzenspieler mit einem Gesamtmarktwert von gut 500 Millionen Euro können die Bayern Mitte 2013 vorweisen – mehr Reserve als jeder andere Verein.

Kein Unternehmen in der Welt außer einer Fußball-AG kann es sich leisten, so viele Spitzenleute zu engagieren – und dann mehr als die Hälfte in Wartestellung verharren zu lassen.

Man stelle sich nur einmal vor, die Deutsche Bank würde nicht nur zwölf der besten Fonds-Analysten an der Börse spekulieren, sondern noch einmal so viele auf der Ersatzbank schmoren lassen? Das ließe sich kein Großaktionär bieten, und die Kleinaktionäre würden ihre Depots schleunigst zu den Sparkassen bringen.

Schnell wäre von Verschwendung die Rede, von Missmanagement und Kurzsichtigkeit. Doch wenn es um Fußballkader geht, wird dieses Angebot an Spitzenspielern als geschickter Schachzug betrachtet. Denn man weiß, mit dieser Reserve kann den Bayern so gut wie nichts passieren, auch wenn die Truppe, wie beim Liga-Cup im Juli 2013, mal locker gegen die Dortmunder Borussen 2:4 verliert.

»Wie ist die Stimmung unter den Ersatzspielern?«
»Wie im Harem eines Sultans. Jeder weiß, dass er mal drankommt, aber keiner weiß, wann.«

So eine Niederlage wird dann gerne mit dem gerade erfolgten Trainerwechsel – Pep Guardiola für Jupp Heynckes – oder damit begründet, »noch nicht richtig eingespielt« zu sein. »Wir sind immer noch in der Vorbereitung. Wir hatten heute definitiv die Chancen zum Sieg, haben aber die Tore nicht gemacht«, sagte Münchens Kapitän Philipp Lahm zur Entschuldigung nach der Niederlage gegen den BVB.

Vielleicht hätte man die Ersatzmannschaft spielen lassen sollen.

(PJ)

Verdammt viel Glück und größtes Unglück sind ein oft gesehenes Paar. Vor allem auf dem Fußballplatz haben die beiden ihr ideales Terrain gefunden. Dort gibt es Glücksmomente, Glücksspieler, Glücksszenen, Glücksschüsse – und unsägliches, erbarmungsloses, hoffnungsloses Unglück. Und wie schon Jürgen Wegmann in den 1980er-Jahren treffend feststellte: »Zuerst hatten wir kein Glück, und dann kam auch noch Pech dazu.«

Gerne wird ja Glück mit Können und Unglück mit Schwäche verwechselt. Darum ist es sinnvoll, sich immer wieder einmal der Momente großen Glücks oder Unglücks auf dem Fußballplatz zu erinnern.

Verdammt viel Glück im Spiel etwa hatte im Februar 2008 Manuel Friedrich, als sich eine verunglückte Flanke des damaligen Leverkuseners über Schalke-Keeper Manuel Neuer hinweg aus vierzig Metern Entfernung ins Tor senkte.

Extrem viel Glück und noch mehr Unglück ist allerdings im Spiel, wenn aus einem schlecht platzierten Schuss ein ganz besonderes Tor wird – ein sogenanntes Phantomtor.

Glücklicherweise gibt es nicht viele Phantomtore. Sie sind so selten, weil es sie eigentlich gar nicht gibt und sie – vor allem vom Schiedsrichter – auch nicht gesehen werden.

Was nachvollziehbar ist. Das Phantom kommt ja – nebenbei bemerkt – aus dem Griechischen und bedeutet so viel wie Fantasie, Trugbild oder Gespenst. Das berühmteste Phantom wandelt seit Jahrzehnten in einem Musical von Land zu Land: »Das Phantom der Oper«.

Das erste Phantomtor der Bundesliga, wenn nicht gar das erste der Welt, hat es angeblich am 27. März 1965 beim

Spiel Borussia Dortmund gegen den Karlsruher SC gegeben. Reinhold Wosabs Treffer zum 4:1 für Dortmund in der 74. Minute bestand aus einem Ball, der durch das Außennetz ins Tor gelangte.

Das ist extrem selten und führt uns geradewegs zu einem ganz besonders unglücklich-glücklichen Phantomtor im Oktober 2013. Leverkusens Stefan Kießling köpfte den Ball zwar neben das Tor von Hoffenheim und durch ein Loch im Außennetz in den gegnerischen Kasten, doch Schiedsrichter Felix Brych entschied auf Treffer. Damit war Bayer Leverkusen nach dem 2:1-Sieg bei 1899 Hoffenheim zum Auftakt des 9. Bundesliga-Spieltags nach Jahren sogar wieder Tabellenführer – für neunzehn Stunden.

Der 29-jährige Kießling berichtete nach dem Wundertor, dass er seinen eigenen Treffer nicht gesehen habe: »Ich habe im ersten Moment gedacht, der Ball geht nicht rein. Dann kamen alle auf mich zugestürmt und haben mich umarmt.«

»Und Ihr Fachgebiet ist Fußball?«, fragt der Showmaster.
»Ja«, antwortet der Fußballer.
»Bravo, da habe ich eine Frage für Sie. Wie viele Maschen hat ein Tornetz?«

Auch Schiedsrichter Brych hatte nicht viel gesehen: »Ich hatte leichte Zweifel, aber die Reaktionen der Spieler waren eindeutig, es gab kein Kontra. Es hat mir keiner gesagt, dass der Ball nicht im Tor war. Für mich ist das jetzt auch keine tolle Situation, ein Tor zu geben, das keins war.«

1899 Hoffenheim legte noch am späten Abend Protest ein – vergeblich, denn das DFB-Schiedsgericht erkannte das Tor nach einigen Tagen an.

Phantomtore sind ja fast so selten wie Mondlandungen. Ein sehr berühmtes landete Bayern-Verteidiger Thomas

Helmer im April 1994. Er schoss aus einer unübersichtlichen Situation auf das Tor der Nürnberger, und das Wunder geschah: Der Ball rollte zwar über die Torauslinie neben das Tor des 1. FC Nürnberg, in dem der damalige Nationalkeeper Andreas Köpke stand. Einer sah allerdings etwas anderes: Linienrichter Jörg Jablonski signalisierte Schiedsrichter Hans-Joachim Osmers ein Tor. Der Deutsche Fußball-Bund erklärte den Treffer im Nachhinein für ungültig und setzte das Spiel deshalb neu an.

Das Gefühl, das eine solche Entscheidung bei Spielern und Fans auslöst, nennt man wohl Phantomschmerz. Es handelt sich dabei um einen sehr gefährlichen Virus, weil er von den Fußballern binnen Sekunden auf die Zuschauer überspringen und sogar die Medien und weite Teile der Bevölkerung erfassen kann. Die Betroffenen sind von diesem Phantomschmerz nur schwer zu heilen, was auch erklärt, warum der Schiedsspruch des DFB nach Kießlings Tor nur geteilte Zustimmung fand.

Ein anderes Phantomtor erlebten die Zuschauer der 2. Bundesliga am 21. Oktober 1978 bei einem Spiel zwischen Borussia Neunkirchen und den Stuttgarter Kickers. Ein Schuss von Jürgen »Dixie« Kobel ging zwar am Tor vorbei. Der Ball sprang jedoch hinten am Außennetz hoch, und der Schiedsrichter entschied auf Tor – letztlich wurde auch dieses Spiel nicht gewertet und wiederholt.

Phantomtorträchtig scheinen insbesondere Schüsse gegen die Latte zu sein. Beim Spiel zwischen dem MSV Duisburg und dem FSV Frankfurt schoss Duisburgs Christian Tiffert den Ball an die Latte des Frankfurter Gehäuses. Der Ball sprang zwar mindestens einen Meter vor der Torlinie zurück ins Feld, doch Schiedsrichter Marco Fritz erkannte den Treffer an, und auch der DFB erklärte das Tor für gültig.

»Das Spiel steht heute auf keinem hohen Niveau.«
»Papa, was ist Niveau?«
»Da weiß kein Spieler, wo der Ball gerade hinfliegt.«

Einen Lattenschuss landete auch Marcell Jansen bei der Bundesligapartie zwischen dem Hamburger SV und Mainz 05 am 6. März 2011. Der Ball landete zwar klar vor der Grundlinie, Schiedsrichter Babak Rafati entschied jedoch auf Tor.

Einen Lattenschuss mit Folgen gab es auch bei der Afrikameisterschaft 2010. Beim Spiel zwischen Ägypten und Kamerun erwischte der kamerunische Torwart Idriss Carlos Kameni einen Freistoß von Ahmed Hassan so unglücklich, dass er an der Latte abprallte und vor die Torlinie sprang. Der Schiedsrichter, Jerome Damon, entschied auf Tor.

Selbstverständlich folgen den Phantomtoren immer sehr hitzige Diskussionen an den Stammtischen und Kneipentheken. Die Argumente sind in der Regel recht einleuchtend: Die einen verteidigen den Phantomtorschützen, weil er nicht schuld am falschen Tor gewesen ist. Die anderen halten ihn für einen unfairen Spieler, weil er nicht auf die Anerkennung seines falschen Treffers verzichtet hat.

In solch brenzligen Situationen zeigt der Fußball eine seiner unangenehmen Seiten: die Lagerbildung. Beide Parteien wollen Recht haben und stehen sich so lange unversöhnlich gegenüber, bis ein Schiedsgericht dem Spuk ein Ende bereitet und eine endgültige Entscheidung darüber trifft, wie das Phantomtor zu bewerten ist.

Stefan Kießling musste sich im Internet manch üble Beschimpfung gefallen lassen und versuchte die Gemüter auf seiner Facebook-Seite folgendermaßen zu besänftigen: »Liebe Fans, Freunde und alle, die mir gerade schreiben: Ich kann die Reaktionen von vielen von Euch hundertprozentig verstehen und bin selbst ganz aufgewühlt. Nach den Wiederholungen im Fernsehen sehe ich es eindeutig so: Es war kein reguläres Tor. Im Spiel habe ich nach meinem Kopfball und dem Drehen des Kopfes nicht genau gesehen, ob der Ball korrekt ins Tor gegangen ist oder nicht. Irgendwie lag der Ball im Tor. Genau das habe ich auch dem Schiedsrichter gesagt. Es tut mir leid für alle Sportfans und den Verlauf des Spiels. So zu gewinnen ist natürlich nicht schön. Fairness ist wichtig für den Sport, bei uns im Verein und für mich ganz persönlich.«

Im Internet kursierten aber auch einige humorvolle Statements zu Kießlings Phantomtor:

»Wurde die BundesNETZagentur schon eingeschaltet?«

»Wahrscheinlich wird der Schiedsrichter nun mit Fragen geLÖCHert.«

»Ich denke, ab sofort werden die Tornetze aus Stahl sein.«

»Leverkusen wollte sich bei Hoffenheim entschuldigen. Aber die hatten gerade kein Netz.«

Vermutlich gibt es viel mehr Phantomtore, als sie in der Fußballgeschichte dokumentiert sind – weil nicht nur die Schiedsrichter und Spieler, sondern auch die Zuschauer und Reporter viele falsche Torschüsse einfach nicht gesehen haben.

(PJ)

Schicksalsschläge – Nach dem Eigentor vom Fan erschossen

Wer über Eigentore schreibt, erzählt auch viel über Verlierer. Über Fußballer, die ihr Gesicht, ihre Ehre und die Anerkennung ihrer Fans, Kollegen, Trainer und Geliebten verlieren. Jedenfalls ist das in den Sekunden danach für die Betroffenen der Fall. Sie möchten im Boden versinken, nicht mehr leben oder zumindest ganz weit fort sein. Eigentorschießer sind die größten Verlierer der Welt – selbst dann, wenn es einfach nur Pech war, dass der Ball im eigenen Netz landete. Da wird man von einer auf die andere Sekunde zur Witzfigur:

> Sagt der Trainer zum Spieler: »Du Idiot, warum hast du ins eigene Tor geschossen?«
> Sagt der Spieler: »Ja, wenn die Tore doch auch so gleich aussehen …«

Der irische Fußballspieler Richard Dunne wurde 2010 gefeiert – weil er so viele Eigentore geschossen hatte. Acht Mal versenkte er den Ball treffsicher im eigenen Gehäuse. Angesichts dieser Rekordzahl hat sein Trainer Gérard Houllier nur einen simplen Tipp: »Einfach vergessen! Das sind Dinge, die im Fußball nun mal passieren.«

Wie peinlich! Eigentore gehören zu den größten Niederlagen von Fußballspielern und Fußballspielerinnen. Selbst dann, wenn sie unter wirklich verrückten Umständen passieren.

José Marín, Torhüter von Cruz Azul, wollte den Ball nur einem Mitspieler zuwerfen und warf das Leder dabei schwungvoll ins eigene Tor. Chris Brass schoss sich beim

Spiel von Bury gegen Darlington den Ball selbst ins Gesicht und kickte ihn von dort ins eigene Tor – Nase kaputt. Helmut Winklhofer erzielte beim Spiel Uerdingen gegen Bayern München 1985 mit einem Eigentor sogar das »Tor des Monats« – er traf aus 35 Metern Entfernung genau ins Netz. Der Franzose Franck Queudrue machte ihm das 2001 im Spiel Bastia gegen Lens nach – der Schuss aus 35 Metern Entfernung war für den eigenen Torhüter unhaltbar.

Dem Argentinier Facundo Quiroga gelang 2008 beim 3:3 von River Plate gegen Racing Club ein erstklassiger Fallrückzieher, gegen den der eigene Torhüter machtlos war. Der Brasilianer Vitor Hugo »schoss« bei einer Begegnung zwischen Santo André und Portuguesa de Desportos ebenfalls ein Eigentor – mit dem eigenen Hintern.

Tragisch endete im Mai 2000 auch ein Spiel von Leverkusen gegen Unterhaching. Ballack versuchte einen simplen Flankenball abzuwehren und schoss ihn dabei ins eigene Netz. Unterhaching gewann mit 2:0, und Bayern München wurde Meister. Bei einem Unentschieden gegen Unterhaching wäre Leverkusen Meister geworden.

Sagt der Fußballtrainer zu seiner Mannschaft: »Wenn ihr nicht absteigen würdet, das wäre das schönste Geburtstagsgeschenk für mich.«
Sagt der Spielführer: »Wir haben aber schon eine Uhr gekauft!«

Das erste Eigentor der WM-Geschichte soll übrigens dem Mexikaner Manuel Rosas 1930 in Uruguay beim Spiel gegen Chile gelungen sein. Sein letztes Eigentor schoss der Kolumbianer Andrés Escobar 1994. Er war Abwehrspieler der kolumbianischen Nationalmannschaft bei der WM 1994 in den USA. Beim Vorrundenspiel gegen die Mannschaft der

USA am 22. Juni 1994 schoss Escobar ein Eigentor, worauf seine Mannschaft mit 1:2 verlor und aus dem Turnier ausschied. Nach seiner Rückkehr in sein Heimatland wurde er von Humberto Muñoz Castro, Bodyguard und Fahrer eines mächtigen Drogenbosses, erschossen. Angeblich war der Täter ein enttäuschter Fan; er wurde zu 43 Jahren Gefängnis verurteilt. Gerüchte besagen allerdings, dass Escobar mit seinem Eigentor der kolumbianischen Wettspielmafia ins Handwerk gepfuscht habe und deshalb sterben musste. Bei seiner Beerdigung folgten 120 000 Menschen seinem Sarg.

Doch solch drastische Reaktionen auf Missgeschicke der Kicker sind Gott sei Dank die Ausnahme. Die Fußballszene kann – noch – mit dem Verlieren umgehen, und die Reaktionen sind meist friedlich. Vielen Menschen macht das Verlieren nicht einmal etwas aus. Manchen macht das Verlieren sogar Spaß, wie folgender Witz beweist:

> Anruf in dem Hotel, das die deutsche Nationalelf bei der EM beherbergt: »Ich möchte gern Herrn Völler sprechen.«
> »Tut mir leid, die Deutschen sind aus dem Turnier ausgeschieden und abgereist.«
> Kurze Zeit später derselbe Anrufer: »Ich möchte gern Herrn Völler sprechen.«
> »Ich habe es Ihnen doch eben schon erklärt. Die Deutschen sind ausgeschieden und abgereist. Können Sie das nicht kapieren?«
> »Doch, aber ich höre es so gern!«

Wer sich als Verlierer fühlt, denkt nicht selten, er wäre schon als Verlierer auf die Welt gekommen. Profisportler benötigen eine ungeheure Kraft, diesen stahlharten Willen zum Siegen. Deshalb ist ein Eigentor auch so schädlich für sie.

Sie haben nicht nur im Kampf gegen den Gegner verloren, sondern auch noch sich selbst besiegt.

Was gibt es Schlimmeres?! Wer ein Eigentor schießt, steht von einer Sekunde zur nächsten auf der Verliererseite. Und darüber werden gerne und viele Witze gemacht. Denn der Witz lebt zu einem Gutteil von der Schadenfreude.

Nach der Scheidung seiner Eltern wird Paul gefragt, bei welchem Elternteil er in Zukunft leben möchte.
Fragt der Richter: »Möchtest du denn zu deiner Mutter?«
Sagt Paul: »Nein, die schlägt mich immer.«
Sagt der Richter: »Also möchtest du lieber zu deinem Vater?«
Sagt Paul: »Nein, der schlägt mich auch immer.«
Fragt der Richter: »Ja, wohin möchtest du denn?«
Sagt Paul: »Ich möchte zum 1. FC Köln, denn der schlägt niemanden.«

Allerdings muss zur Schande der Witze gesagt werden, dass sie nicht nur viele Sieger und Verlierer kennen. Sie kennen noch viel mehr Frauen, die verlieren – im Leben, in der Geschäftswelt, beim Einkaufen, beim Friseur und auch auf dem Sportplatz. Schließlich ist das Witze-Erzählen ja eine Domäne der Männer. Deswegen werden Frauen eher das Opfer von Witzen – denken wir nur an die Blondinen-Witze. Aber nach Tausenden von Antifrauen-Witzen wehren sich die Frauen und antworteten mit sehr gelungenen Antimänner-Witzen. Der folgende Witz hat es in sich – und zählt zu meinen Lieblingswitzen, gerade weil der Mann dabei nicht besonders gut wegkommt:

Ein in die Jahre gekommener Fußballspieler hat sich in einem besonders teuren Schuhgeschäft an der Düsseldorfer Königsallee ein Paar sehr auffällige italienische Schuhe gekauft: weißes Leder mit schwarzen Lackkappen. Um seine Frau zu überraschen, hat er sie nach der Anprobe im Geschäft sofort anbehalten.

Als der Mann nach Hause kommt, sitzt die Ehefrau vorm Fernseher, schaut sich die *Sportschau* an, isst Kartoffelchips, trinkt eine Flasche Bier.

»'n Abend, Schnullermaus«, sagt der Mann.

»'n Abend, Alter«, antwortet die Frau, ohne ihn anzusehen.

Er zögert einen Moment, dann fährt er fort: »Kannst Du mich vielleicht mal 'n Augenblick angucken?«

Sie dreht ihm den Kopf zu, betrachtet den Mann von oben bis unten und wendet sich wieder ab.

»Fällt dir an mir nichts auf?«, fragt er irritiert.

Sie hebt die Schultern, konzentriert sich auf die *Sportschau* im Fernsehen und meint: »Du siehst müde aus, wie immer. Wirst dir wohl gleich den Bohneneintopf aufwärmen, 'ne Pulle Bier trinken und ins Bett gehen. Wie immer.«

»Na warte«, denkt der Mann, »das kriegst du wieder.«

Er geht ins Schlafzimmer, zieht sich bis auf die neuen Schuhe aus und kehrt splitternackt ins Wohnzimmer zurück.

Wieder baut er sich vor ihr auf, wieder beachtet sie ihn nicht, und wieder sagt er: »Kannst du mich vielleicht mal 'n Augenblick angucken, Schnullermaus?«

Die Frau knuspert an einem Kartoffelchip, trinkt Bier und mustert ihren Mann von oben bis unten.

»Na?«, fragt er, »fällt dir an mir immer noch nichts auf?«

»Was soll mir an dir schon auffallen?«, sagt die Frau gelangweilt. »Er hängt. – Wie immer!«

»Ja, ja«, reagiert der Mann aufgebracht, »er schaut sich

nämlich meine neuen italienischen Schuhe an.«
Sagt die Frau: »Na, da hätteste dir aber besser 'nen neuen Hut gekauft.«

(PJ)

Zukunftsmusik – WM in Katar ohne Händchenhalten und Sex

Das sind ja keine guten Aussichten: Wenn es nach FIFA-Präsident Sepp Blatter geht, sollen schwule und lesbische Fans bei der Fußballweltmeisterschaft in Katar im Jahr 2022 auf Sex verzichten.

Wieso das?

Homosexuelle Handlungen werden im Wüstenstaat mit bis zu 15 Jahren Gefängnis bestraft. Dabei spielt es keine Rolle, ob es sich um Einheimische oder Ausländer handelt – vor dem Gesetz sind alle Homosexuellen gleich, wie ein Richter bereits 1996 bewiesen hat, als er einen Amerikaner für ein derartiges »Delikt« zu sechs Monaten Haft und neunzig Peitschenhieben verurteilte.

Drei Fußball-Mütter unterhalten sich über ihre Söhne. Die erste erzählt: »Meiner ist in die Regionalliga aufgestiegen.«
Da sagt die zweite Mutter: »Na, ganz so weit ist meiner noch nicht, aber ich bin zufrieden mit dem, was er als Torwart jede Woche leistet.«
Da sagt die dritte Mutter: »Mit richtigen Erfolgserlebnissen kann ich noch nicht dienen, mein Sohn ist schwul, und es geht ihm gut so weit, und er hat zwei nette Freunde.

Wegen dieser skandalösen Zustände protestierten bereits die deutschen und internationalen Homosexuellenverbände gegen die Vergabe der WM nach Katar. In einem offenen Brief stellte Klaus Heusslein, Kopräsident des Internationalen Fußball-Verbandes der Schwulen und Lesben (IGLFA), fest: »Mit der Wahl Katars hat die FIFA die homosexuelle Gemeinschaft von dem wichtigsten Fußballereignis mehr oder weniger ausgeschlossen.«

FIFA-Präsident Blatter forderte kurzentschlossen, wie es seine Art ist, die Homosexuellen auf, »bei der WM jegliche sexuellen Aktivitäten zu unterlassen«. Allerdings sollte er das auch den Heterosexuellen empfehlen.

»Ach, ich liebe sportliche Frauen«, sagt der Scheich. »Erst kürzlich habe ich eine Damen-Fußballmannschaft geheiratet.«

Das Bundesaußenministerium jedenfalls verweist auf seinen Internetseiten auf die besonderen »strafrechtlichen Vorschriften« im WM-Land: »In Katar gelten strenge islamische Moralvorstellungen, die ihren Niederschlag im Strafrecht finden. Trotz des augenscheinlich liberaleren Gesellschaftsklimas in Katar sollte Reisenden bewusst sein, dass Homosexualität und nichtehelicher Geschlechtsverkehr verboten sind und bei Anzeige auch strafrechtlich geahndet werden können (Homosexualität mit Gefängnisstrafe bis zu 15 Jahren). Das kann im Extremfall bedeuten, dass es bei Anzeige einer Vergewaltigung zur strafrechtlichen Verfolgung des Opfers wegen ›nichtehelichen Geschlechtsverkehrs‹ kommt. Auch nichteheliche Schwangerschaften können im Extremfall und bei Anzeige entsprechend strafrechtlich verfolgt werden. Der Austausch von Zärtlichkeiten in der Öffentlichkeit (auch ›Händchenhalten‹) ist ebenfalls verboten.«

Das also auch noch! Finger weg vom anderen Geschlecht!

Nicht genug damit, dass Blatter vorgeschlagen hat, die Weltmeisterschaft in Katar wegen der extremen Sommerhitze doch auf den Winter zu verschieben. Da würden dann etliche nationale Liga-Spieltermine durcheinanderpurzeln.

Auf Sportler wie WM-Gäste warten 2022 im Nahen Osten noch weitere Probleme. »Die politische Lage kann als stabil bezeichnet werden. Es ist aber zu bedenken, dass sich in Anbetracht der komplizierten Verhältnisse in der Region die Lage plötzlich verschlechtern kann«, warnt etwa das Schweizerische Departement für ausländische Angelegenheiten: »Ausländische Streitkräfte unterhalten Militärbasen in Katar. Die Möglichkeit von Terroraktionen kann nicht ausgeschlossen werden.«

Die Schweizer empfehlen ihren Landsleuten auch, »die üblichen Vorsichtsmaßnahmen gegen Kleinkriminalität zu beachten und unbekannten Geschäftspartnern kein blindes Vertrauen zu schenken. Für Frauen ist Männern gegenüber Zurückhaltung angebracht«.

Womit wir also wieder beim Sex wären – diesmal bei dem der Heterosexuellen: »Verboten sind unter anderem die Beleidigung der politischen und religiösen Führung, anstößiges Verhalten in der Öffentlichkeit, außereheliche und homosexuelle Beziehungen sowie Alkohol am Steuer (null Promille!), Einfuhr, Besitz, Handel und Konsum von alkoholischen Getränken – nur in einigen großen Hotels ist Alkoholkonsum erlaubt.«

Der Witz hat sich bereits auf Schwierigkeiten im Wüstenstaat vorbereitet:

Drei Fußballfans werden in Saudi-Arabien verhaftet und zum Tode verurteilt, weil sie Alkohol geschmuggelt haben. Am Tag der Hinrichtung kommt der Scheich zu ihnen und sagt, dass Nationalfeiertag sei und sie deshalb begnadigt würden und nur 100 Peitschenhiebe erhielten. Als Erstes wurde der Bayern-Fan zum Auspeitschen geschickt. Der Scheich meinte, der FC Bayern sei ein großer Verein, deshalb habe der Fan einen Wunsch frei. Der Bayern-Fan wünschte sich, dass ihm ein Kissen auf den Rücken gebunden werde. So geschah es, aber nach 20 Hieben war das Kissen zerfetzt, und die restlichen Hiebe trafen seinen Rücken.

Als Zweites kam der Köln-Fan an die Reihe. Auch er durfte einen Wunsch äußern. Er wünschte sich, zwei Kissen auf den Rücken gebunden zu bekommen. Auch dieser Wunsch wurde erfüllt, doch nach 30 Hieben waren beide Kissen zerfetzt, und die Hiebe trafen nun seinen Rücken.

Als Letztes kam der Mönchengladbach-Fan an die Reihe. Der Scheich sagte ihm, da Borussia auch sein Lieblingsverein wäre, hätte er zwei Wünsche frei. Der Gladbacher überlegte nur kurz und wünschte sich statt der 100 Peitschenhiebe 200 Peitschenhiebe.

Der Scheich nahm es erfreut zur Kenntnis und fragte nach seinem zweiten Wunsch. Da grinste ihn der Gladbacher an und sagte: »Bindet mir den Kölner auf den Rücken!«

Vergehen gegen das Betäubungsmittelgesetz werden schon bei geringsten Mengen und bei jeder Art von Drogen mit langjährigen Gefängnisstrafen (bis zu 30 Jahren) geahndet. Es kann sogar die Todesstrafe verhängt werden. Bei Verkehrsunfällen – so empfiehlt die Schweizer Regierung weiter – sollte die Position der Fahrzeuge bis zum Eintreffen der Polizei nicht geändert werden, denn dies kann als Eingeständnis der Schuld gewertet werden. Nicht fotografiert werden dürfen Bauten und Einrichtungen der Regierung sowie des Militärs, Industrieanlagen wie Ölfelder und Raffinerien und generell Installationen von strategischer Bedeutung wie beispielsweise Flughäfen.

Die Haftbedingungen seien bedeutend härter als in der Schweiz, mahnen die Eidgenossen und warnen: »Fahrzeuglenker, die in einen Verkehrsunfall mit Todesfolge verwickelt sind, dürfen im Zweifelsfall während der Untersuchung das Land nicht verlassen. Auch bei finanziellen Streitigkeiten kann die Polizei unter Umständen Ausländer an der Ausreise hindern, bis die Angelegenheit erledigt ist.«

Das ist nicht zum Lachen, sondern zum Weinen.

Auch zum Weinen sind die Meldungen über unmenschliche Arbeits- und Lebensbedingungen von Bauarbeitern beim Stadionbau für die Weltmeisterschaft. Es sind sogar Tote bei WM-Projekten in Katar zu beklagen. Menschenrechtler und Gewerkschaften protestierten.

Angesichts solcher Meldungen ist vielen der Spaß an den Wüsten-Spielen 2022 vergangen. Man ahnt: Wer nach Katar reist, muss besonders viel Humor beweisen. Lachen in der Öffentlichkeit ist im Wüstenstaat jedenfalls noch nicht verboten.

Noch nicht.

(PJ)

Profifußball – Vom Scheitern im Traumjob

Schon Platon, der berühmte griechische Philosoph, sagte: »Schlage diesen Weg ein, wenn du möchtest.«

Auch ohne diesen Hinweis zu kennen, gibt es ein Millionenheer von Fußball spielenden Kindern – darunter auch etliche Mädchen –, die einen großen Traum träumen und alles dafür tun würden, irgendwann Profi zu werden.

Für weltweit etwa 200 000 Fußballer ging dieser Wunsch in Erfüllung. Für einen der besten Spieler der Welt, Lionel Messi, realisierte sich der Traum bereits im Alter von 13 Jahren. Da reiste der kleine Argentinier mit seinem Vater nach Barcelona zum Probetraining. Angeblich hat der Jugendtrainer den kleinen Messi nur eine halbe Minute beim Fußballspielen beobachtet, ehe er zu einer Serviette griff und darauf einen Vertrag formulierte, den Messis Vater sofort unterschrieb.

Als die Sporthochschule Köln Ende 2012 in einer öffentlichen Veranstaltung zum Thema »Traumberuf Fußballprofi?« bei Exprofi Timo Heinze nachfragte, verwies der auf sein Buch: »Ich wollte den 99 Prozent eine Stimme geben, die es nicht schaffen. Ich wollte zeigen, warum man scheitern kann, wohin das führen und vor allem wie schnell das gehen kann«, heißt es darin.

Heinze, der mit zwölf Jahren zum FC Bayern München kam und dort zum Junioren-Nationalspieler aufstieg, in der Amateurmannschaft spielte und kurz vor der Profikarriere an seinen Sportverletzungen scheiterte, erzählte von seinem Entschluss, seinen Traumjob an den Nagel zu hängen, »bevor die Seele noch mehr Schaden nimmt«. Der ehemalige Kapitän der zweiten Mannschaft erinnerte sich an sein jähes Ende als Fußballspieler: »Es war 2005, als ich die Diagnose eines beidseitigen Leistenbruchs bekam. Aus einer Verletzung, die in sechs Wochen ausgeheilt sein sollte, wurde bei mir ein ganzes Jahr. Die Narben der Operation hatten große Probleme bereitet, und das Schlimmste war, dass mir kein Arzt helfen konnte. Niemand kam dahinter, was mir genau fehlte. (...) Es ist schon krass, wie schnell dann alles geht. Ich war damals Kapitän und alles andere als unbeliebt und umso überraschter, wie wenig Unterstützung auch von der Mannschaft kam. Ich fühlte mich ausgeschlossen, und das gab mir sehr zu denken.«

Wer den Traumjob endlich hat, kann nie sicher sein, dass er ihn auch lange behält. Neben persönlichen Leistungstiefs ist die Angst vor Verletzungen bei den Sportlern ein ständiger Begleiter. BVB-Spieler Mats Hummels gestand bei der Traumjob-Veranstaltung der Kölner Sporthochschule: »Klar ist der Gedanke beziehungsweise die Angst einer möglichen Verletzung allgegenwärtig. Auch ich musste mal ein halbes Jahr pausieren, allerdings war ich da bereits Bundesligaspieler. Ich weiß nicht, was passiert wäre, wenn ich jünger gewesen wäre.«

> Fußballspieler: »Wie schlimm steht es um mich?«
> Der Arzt: »Wenn ich Sie heile, werde ich sicherlich weltberühmt.«

Rund die Hälfte der jährlich eine Million Sportunfälle passieren beim Fußballspielen. Die meisten Verletzungen sind Folgen einer gegnerischen Attacke. Die Hitliste der am häufigsten verletzten Körperteile: Oberschenkel (23 Prozent), Knie (16 Prozent), Unterschenkel (14 Prozent) und Leiste (11 Prozent).

Der Nachwuchs lässt sich von solchen Horrormeldungen nicht abschrecken. Das Apotheken-Kindermagazin *Medizini* veröffentlichte 2009 eine repräsentative Umfrage unter Kindern im Alter von sechs bis zwölf Jahren. Auf die Frage »Was willst du werden, wenn du einmal groß bist?« machte der »Profifußballer« das Rennen. Für jeden sechsten Jungen war das der Traumjob – Ärzte und Apotheken verdienen gut an den Folgen der ungezügelten Leidenschaft der Fußballjungs.

»Glauben Sie, dass ein Hufeisen Glück bringt?«, fragt ein Reporter den Fußballer.
»Ja, wenn es im Schuh steckt.«

Der ehemalige Profi von Eintracht Frankfurt, Christoph Preuß, wurde durch einen hartnäckigen Knorpelschaden im rechten Knie mit 28 Jahren endgültig »vom Platz gestellt«. Kein Einzelfall unter Deutschlands Profis: Bernd Schneider hatte es an der Bandscheibe, Willy Sagnol an der Achillessehne und Matthias Sammer am Knie, als ihre Profikarriere endete.

Ein berühmter Fußballer kommt zum Arzt: »Herr Doktor, ich muss etwas ganz Schlimmes haben, egal wo ich drücke, am Knie, am Oberschenkel, am Arm, aber auch am Bauch oder im Gesicht, es tut immer weh.«
Der Doktor untersucht den Patienten gründlich und entgegnet:
»Das ist ganz normal. Ihr Finger ist gebrochen.«

Oft ist es nicht einmal allein die Verletzung, die den Profispieler ausbremst. Wenn der Kopf nicht mehr mitspielt, wird der Körper nicht die erwünschte Leistung bringen, sagt der Leiter des Psychologischen Instituts der Sporthochschule Köln, Professor Dr. Jens Kleinert: »Es kann definitiv blockieren, wenn ich als Sportler nicht frei im Kopf bin. Wenn ich mich mit Dingen beschäftige, die negativ behaftet sind, und ich an dem, was ich tue, keinen Spaß mehr empfinden kann, ist der Kopf nicht in der Lage, sportspezifische Aufgaben und Probleme zu lösen.«

Abzutreten, ganz gleich aus welchem Grund, ist immer eine traurige Veranstaltung – für die Fans fast noch mehr als für die Betroffenen selbst. Denken wir nur an das Karriereende von Michael Ballack. Der große »Capitano« der deutschen Nationalmannschaft fand nach 98 Länderspielen und 42 Toren immerhin beeindruckende Worte: »Mit 36 Jahren blicke ich auf eine lange und wunderbare Zeit im Profifußball zurück, von der ich als Kind nie zu träumen gewagt hätte. Es war ein Privileg, mit erstklassigen Trainern und fantastischen Mitspielern zusammenzuarbeiten. Sicher wird es mir fehlen, nicht mehr vor 80 000 Fans zu spielen oder ein Tor zu schießen. (…) Die letzten Monate ohne aktiven Fußball haben mir aber gezeigt, dass die Zeit reif ist aufzuhören. Ich freue mich jetzt auf ein neues Kapitel in meinem Leben und danke meiner Familie und all den großartigen Menschen, die mich gefördert, gefordert, begleitet und unterstützt haben. Sie alle haben großen Anteil an meinem Erfolg.«

Wer es nicht zum Profifußballer oder gar zum Nationalspieler schafft, dem bleibt immerhin noch ein Nebenweg. In Jobbörsen werden Fußballmanager, Fußballpraktikanten, Fußballpersonalreferenten, Fußballverkaufshilfen, Fußballmarketingstrategen, Fußballblogger und Fußball-Online-Marketing-Manager gesucht.

Inzwischen wächst auch – den Erfolgen der deutschen Nationalspielerinnen sei Dank – der Bedarf an Fußball-Schiedsrichterinnen. Vom DFB befragt, warum sie ihren »Traumberuf Schiedsrichterin« gewählt habe, sagte eine Ina: »Ich wurde Schiri durch ›Vererbung‹. Mein Vater und mein Bruder sind Schiris, und da wurde das Interesse früh geweckt.«

Vater und Mutter wünschen sich, dass ihr Sprössling eine Karriere im Fußball macht. Sie gehen mit ihm zum

Bundesligisten der Stadt. »Wie lange dauert es, das Fußballspielen zu lernen?«, fragt der Vater.
Der Trainer: »Zehn Jahre.«
»Das ist sehr lange«, meint der Vater. »Was ist mit Schiedsrichter?«
»Das dauert 5 Jahre.«
»Auch zu lange, was bilden Sie denn noch aus?«
»Fußballmanager.«
»Und wie lange geht diese Ausbildung?«
»Müssen Sie in der Stadt noch Besorgungen machen?«

Bleibt jetzt nur noch nachzutragen, dass es für viele Frauen allerdings kein Traumberuf ist, eine Spielerfrau zu sein. Die englische Journalistin Shelley Webb meinte nach persönlichen Erfahrungen einmal sarkastisch: »Die Frau gehört zur Ausrüstung dazu wie die Schienbeinschoner.« In den 1950er-Jahren hörte sich das – aus dem Mund von Spielerlegende Fritz Walter mit Blick auf seine Ehefrau Italia – ganz anders an: »Die Frau macht den Mann. Ihr verdanke ich alles, ohne sie wäre ich nichts.«

(PJ)

Einwürfe – Dramen und Attacken

»Franz, ich glaube, wir bekommen ein Problem. Ich sehe unter nachwachsenden Spielern immer wieder einen Müller. Ich habe dann womöglich fünf oder sechs Müllers in der Nationalmannschaft. Wenn ich den einen rufe, kommen sie alle!«
Joachim Löw zu Franz Beckenbauer

»Wir sind hierhergefahren und haben gesagt: Okay, wenn wir verlieren, fahren wir wieder nach Hause.«

Marco Rehmer

»Die schönsten Tore sind diejenigen, bei denen der Ball schön flach oben reingeht.«

Mehmet Scholl

»Auch die Schiedsrichter-Assistenten an der Linie haben heute ganz ordentlich gepfiffen.«

Wilfried Mohren

»Das Spiel ist zu weit, zu eng.«

Wolfram Esser

10. Liebe und Leidenschaft

»Ich brauche keinen Butler. Ich habe eine junge Frau.«
Thomas Doll

Spielerfrauen – Der neue Feminismus am Spielfeldrand

»Sex vor dem Spiel? Das können meine Jungs halten, wie sie wollen. Nur in der Halbzeit, da geht nichts.«

Es ist ein schönes Bonmot, das Trainer Berti Vogts da vorgelegt hat. Ein Steilpass sozusagen, wenn man über die Leidenschaft schreibt, die Leidenschaft vor allem für kaum zügelbare Spielernaturen.

Der Fußballspieler wird in der Halbzeitpause beim Rauchen erwischt.
Sagt der Trainer: »Bist du verrückt, wie kannst du in der Halbzeitpause rauchen? Lieber würde ich Ehebruch begehen.«
Sagt der Fußballspieler: »Ja, ich auch, aber die Halbzeitpause ist dafür einfach zu kurz.«

Sagt die frustrierte Ehefrau zu ihrer Freundin: »Frauen, die meinen, dass Männer nicht zu innigen und leidenschaftlichen Beziehungen fähig sind, waren noch nie bei einem Bundesligaspiel.«

Es gab ja Zeiten, da war Liebe und Leidenschaft rund um die großen Meisterschaften für die Fußballstars tabu. Die Spielerfrauen hatten Heim und Bett zu hüten, ihre Männer quälten sich des Nachts sittsam in den Jugendherbergen der Europa- und Weltmeisterschaften.

Zwar hielt sich selbst bei der WM in Südafrika das Gerücht, dass Jogis Jungs Sexverbot auferlegt bekommen hatten, um sich besser auf die Spiele konzentrieren zu können.

Doch diese Zeiten sind vorbei: Manche Frauen oder Freundinnen bleiben freiwillig zu Hause, um den Männern nicht unnötig den Kopf zu verdrehen. Andere haben Angst vor Entführungen oder Überfällen. Und wieder andere sind so frei und… beherzigen vielleicht den Tipp des argentinischen Sportchefs Carlos Bilardo. »Lasst eure Frauen arbeiten«, riet er den Spielern seiner Fußballnationalmannschaft. Um zu vermeiden, dass sich seine Mannen beim Sex im Bett womöglich noch Verletzungen zuziehen, sollten die Fußballbomber einfach still liegen und ihren Frauen den leidenschaftlichen Part überlassen.

Sagt der Fußballer zu seiner Frau: »Und? Wie war ich?«
Sagt sie: »Letzte Woche warst du besser!«
Sagt er: »Aber da hab ich doch gar nicht gespielt!«
Sagt sie: »Ja, genau!«

Fußballspieler und ihre Frauen – da sprechen wir ja eigentlich in erster Linie von Lothar Matthäus und seinen Frauen. Der Plus50er bevorzugt junge Damen, was so manchem Familienvater die grauen Haare querstehen lässt, während gewisse Medien wiederum Listen der Verflossenen veröffentlichen wie eine Mannschaftsaufstellung.

»Loddar« war halt nie ein Langstreckenläufer, sondern er liebte den kurzen Sprint. Dafür ließe sich die Aufstellung seiner Frauen noch um einige Namen erweitern, doch wichtiger ist die Frage, die *Bild.de* bereits stellte: »Warum bekommt Lothar Matthäus immer so schöne und so junge Frauen?«

Der Boulevard weiß die Antwort: »Für junge Frauen ist der Exnationalspieler eine gute Partie: Er hat Geld und Schlagzeilengarantie. Und trotz vier gescheiterter Ehen ist und bleibt der Exnationalspieler ein Optimist, der noch an die Liebe glaubt – für junge Frauen, die einen erfolgreichen Mann als Karrierekick suchen, ein gefundenes Fressen.«

Eigentlich gerät Lothar Matthäus nur noch durch seine Frauen in die Schlagzeilen. Zumal er die Journalisten auch gern an seinen Beziehungen teilhaben lässt. Beim Sender Vox flirtete er sogar vor einem Millionenpublikum in einer mehrteiligen Doku-Soap – die Kamera begleitete ihn auf Schritt und Tritt bis hin zum Tanzkurs mit Freundin Joanna für den Wiener Opernball. Matthäus spätere Reue in der ZDF-Talkshow *Markus Lanz*: »Ich habe mich zu viel geäußert und zu viele Schlagzeilen produziert.«

Sagt Lothar Matthäus: »Ach Susi, wenn ich Fußball gucke, vergesse ich alles.«
Sagt sie: »Ich heiße Nicole.«

Kommt die Exfreundin von Lothar Matthäus in den Laden und sagt zu dem Verkäufer: »Ich hätte gerne einen neuen Fernseher.«
Sagt der Verkäufer: »Was für ein Modell soll es denn sein?«
Sagt die Frau: »Ganz egal. Hauptsache, es ist kein Fußball drin.«

Der älter gewordene Lothar Matthäus feiert im Kreis seiner Familie seinen 75. Geburtstag. Der alte Herr ist noch immer für seinen etwas lockeren Lebenswandel bekannt.
»Wir haben etwas Schönes für dich, mit einer kleinen Einschränkung«, sagt der Sohn.
»Was ist es denn?«, will der Jubilar wissen.
»Gleich treten in unserem Wohnzimmer drei Stripteasetänzerinnen auf.«

»Na fabelhaft«, freut sich der Jubilar, »und was ist die Einschränkung?«

»Sie sind genauso alt wie du.«

Wie im richtigen Leben unterscheiden wir auch in der Fußballgemeinschaft zwischen dem starken Geschlecht, also den Männern, und dem schönen Geschlecht, den Frauen. Doch wer glaubt, die Frauen der Spitzenspieler ständen noch immer im Schatten ihrer Männer, der irrt. Eine Fußballbraut ist heute weitaus mehr als das, was der Duden darunter versteht: »Die Partnerin eines Mannes, dessen ganzes Interesse dem Fußball gilt«.

Manche dieser Spielerfrauen sind fast berühmter als der Mann und bringen echten Glamour in die muffigen Spielerkabinen. Denken wir nur an die Latino-Queen Shakira an der Seite von Weltklassespieler Gerard Piqué. Andere Frauen sind nationale Größen – wie etwa Sıla Şahin. Die Schauspielerin kannte fast jeder aus der RTL-Soap *Gute Zeiten, schlechte Zeiten*, ehe sie das Herz von Ilkay Gündoğan, Mittelfeldstar von Borussia Dortmund, eroberte.

Andere Spielerfrauen wiederum sind so schön, dass sie gar nicht mehr tun müssen, um bewundert zu werden – denken wir nur an Julia Vigas an der Seite von Thiago Alcántara.

Kommt ein Fußballer in den Blumenladen. »Ich hätte gerne zehn Rosen.«

Fragt die Verkäuferin: »Lange?«

Sagt der Fußballer: »Ach, Sie vermieten die Blumen auch!«

Apropos Schönheit: Ende 2012 legte die britische Tageszeitung *The Sun* eine internationale Hitliste mit den zehn schönsten Spielerfrauen der Welt auf. Helen Flanagan, mit

ManCity-Star Scott Sinclair liiert, belegte Platz 10, Natalia Velez (Atléticos Radamel Falcao) stand auf dem Siegerpodest. Dazwischen platzierten die Redakteure: Tulisa Contostavlos an der Seite von Danny Simpson, Frankie Sandford, seit 2010 mit Wayne Bridge liiert, Popstar Shakira (Gerard Piqué), Abbey Clancy, die Frau von Peter Crouch, Georgina Dorsett (Tom Cleverley), Sara Carbonero, an der Seite von Real-Torwart Iker Casillas, Katsia Zingarevich (nicht mit einem Spieler, sondern mit Reading-Besitzer Anton Zingarevich zusammen) und Irina Shayk (Cristiano Ronaldo).

Gelegentlich wehren sie sich auch dagegen, dass sie in der Öffentlichkeit als reiche, dumme Spielerfrauen verhöhnt oder als schön, aber dumm abgewertet werden.

Nina Christmann, lange an der Seite von Bundesligaprofi Patrick Ochs, wehrte sich gar in der *Zeit* mit dem Hinweis: »Ich kenne fast keine Spielerfrau, die nicht ihr eigenes Leben führt, die nicht arbeiten geht und sich auf Kosten ihres Mannes einen Lenz macht … Ich habe einen Job, ein Kind, fünf Hunde, bin Vorsitzende eines Tierschutzvereins und Jungunternehmerin. Ich habe mehr zu tun, als dass ich mich nur über meinen Mann definieren könnte.«

Christmann glaubt, dass das Klischee von der dummen Spielerfrau allmählich bröckelt: »Sylvie van der Vaart, die auch ohne ihren Mann eine erfolgreiche TV-Moderatorin war, ist ein Beispiel dafür.«

Ein Spieler der gerade abgestiegenen Düsseldorfer Fortuna zischt seine Frau beim Streit an: »Wieso guckst du eigentlich immer diese Kochshows. Du kannst doch gar nicht kochen.«
Sie kontert: »Na und! Du guckst doch auch immer Fußball im Fernsehen.«

Ein Fußballstar zum anderen: »Meine Frau und ich haben im letzten Jahr nur noch ausgefallenen Sex.«

»Wie ausgefallen denn?«

»Na ja. Montag ausgefallen, Dienstag auch, Mittwoch …«

Die Siegerin der deutschlandweiten Aktion »Beliebteste Spielerfrau Deutschlands« wurde 2013 Cathy Fischer, die Lebensgefährtin von Nationalspielerass Mats Hummels. Auf den Plätzen 2 und 3 folgen Mandy Capristo (Freundin von Mesut Özil) und Lena Gercke (Freundin von Sami Khedira).

Das Peoplemagazin *Closer* hatte gemeinsam mit dem Pay-TV-Sender Sky in einer öffentlichkeitsstarken Aktion über vier Wochen die Heldinnen hinter den Fußballstars gesucht. »Deutschland und unsere Jury haben eine wunderbare Gewinnerin ermittelt. Eine junge, starke Persönlichkeit – ein sehr moderner Typ Frau, die ihren eigenen Weg geht«, sagt Tom Junkersdorf, Chefredakteur von *Closer,* über die 25 Jahre alte Siegerin, die BWL studiert hat und sich Victoria Beckham als Vorbild für ihre künftige Karriere nimmt.

Zehntausende *Closer*-Leser aus Deutschland haben an der Aktion teilgenommen und sich einen Eindruck von den verschiedenen beruflichen, sozialen und kreativen Seiten der nominierten Frauen gemacht.

Prominentestes Beispiel für den neuen Feminismus am Spielfeldrand, für das neue Selbstbewusstsein und die damit einhergehende Tatkraft der Spielerfrauen ist Victoria Beckham, die Ehefrau des britischen Nationalspielers David Beckham. Die Frau hat sich selbst einen Namen gemacht und ein witziges Internetportal Victoriabeckham.com gegründet. Wer die Homepage anklickt, bemerkt zunächst einmal witzige Filmclips der Frau und eine Unterteilung zwischen Shop und Look – die Frau macht Mode.

Victoria Caroline Beckham hat – unabhängig von ihrem berühmten Ehemann – eine eigene Karriere gemacht. Als Sängerin der Girlsgroup Spice Girls eroberte sie weltweit die Hitparaden und geriet erst als Ehefrau von Fußballstar Beckham ein wenig aus den Schlagzeilen. Doch schon bald nach der Hochzeit im Jahr 1999 machte die junge Frau nicht nur als Songwriterin und Autorin, sondern vor allem auch als Designerin auf sich aufmerksam.

Der 4. Juli 1999 hat Fußballgeschichte gemacht. Nicht nur, weil das der Hochzeitstag der berühmten Beckhams ist, sondern weil eine Frau die Spielerfrauentribüne betrat, die selbstbewusst nicht im Schatten, sondern neben dem prominenten Spieler stand. Ohne Absicht wurde Victoria zur Wegbereiterin eines Fußballfeminismus, der aus den Fans im Brautkleid echte Partnerinnen der Spieler machte.

Der Imagegewinn für die Spielerbräute übertrug sich zwar nicht auf alle – aber er gilt für immer mehr.

(PJ)

Sexualität – Rotlicht und Mannschaftsgeist

Umfragen können einen Beobachter immer wieder erstaunen. 2010, kurz vor der Fußballweltmeisterschaft, ergab eine Umfrage zum Thema Fußball und Sex, dass sich viele Männer, hätten sie die Wahl, ein Fußballspiel anzusehen oder mit einer schönen Frau ins Bett zu gehen, für den Sport entscheiden würden.

Die repräsentative Befragung des Instituts Emnid wurde damals für das Magazin *Reader's Digest* gemacht und sorgte –

Sie ahnen es – bundesweit für Schlagzeilen. Nur mickrige fünf Prozent der Deutschen teilten den Befragern mit, dass Sex ein Grund wäre, das Endspiel der Fußball-WM zu verpassen. 52 Prozent der Befragten äußerten, dass sie ein Endspiel mit der deutschen Mannschaft unbedingt sehen müssten – egal was für eine Frau sich da für sie im Bett räkelt.

Das Spiel steht auf des Messers Schneide. Sagt eine Blondine zur anderen: »Ein Jammer, wie die Kerle ihre Kräfte vergeuden.«

Stefan versagt bei Sabine auf der ganzen Linie. Murmelt er zerknirscht: »Komisch, auf dem Fußballplatz bin ich immer in Hochform.«
»Gut«, sagt sie, »dann versuchen wir es morgen mal dort.«

So freizügig über ihren Sex berichten allerdings nur die Fans – wenn es um Profispieler und ihre Sexualität geht, hat man das Gefühl, Statements direkt aus dem Vatikan zu erhalten.

Beim Confederations Cup 2013 in Brasilien etwa empörte sich die offizielle Fußballwelt über Gerüchte des brasilianischen Online-Portals *Globo Sport*. Die Sportjournalisten wollten erfahren haben, dass die spanische Mannschaft nach dem ersten Gruppenspiel gegen Uruguay (2:1) im Teamhotel eine wilde Partynacht mit leichten Mädchen und Strip-Poker veranstaltet hätte. Selbstverständlich gab es dazu von allen Seiten Dementis. In Wahrheit, so die Spanier, seien sie im Hotel bestohlen worden und die Hotelleitung wollte durch die Sex-Geschichte nur davon ablenken.

Ein Ereignis, das uns letztlich nur daran erinnert, dass kleine und größere Sexskandale in der Sportwelt von jeher dazugehören.

Kurz vor der Weltmeisterschaft 2010 in Südafrika geriet zum Beispiel die französische Nationalmannschaft in Bedrängnis. Die Justiz ermittelte gegen Spieler der Equipe Tricolore wegen Kontakten zu einer minderjährigen Prostituierten in einem Pariser Nachtklub. Fußballprofis sollen regelmäßig einen Nachtklub besucht und dabei Sex mit dem Mädchen gehabt haben. Bayern-Star Franck Ribéry geriet bei diesem weltweit aufsehenerregenden Ereignis ebenfalls in die Schusslinie. Laut dpa haben sich die Ermittler für eine Bekanntschaft von Ribéry interessiert, bestätigte Ribérys Anwältin. Ihr Klient und andere Spieler würden lediglich in Kontakt zu einer Person stehen, die Beziehungen zum Chef eines Zuhälterrings unterhalte. Die Sache war damit erledigt, und seinem Ruf als Liebling der Fußballfans hat sie nicht geschadet. Ebenso wenig wie der Besuch einer ebenfalls minderjährigen Dame in München anlässlich Ribérys 26. Geburtstag, deren wahres Alter der Franzose aber nicht kannte.

Eine Frau hat immer Besuch von ihrem Liebhaber, während ihr Mann bei der Arbeit ist. Eines Tages versteckt sich der neunjährige Sohn im Schrank, um zu beobachten, was die beiden denn so machen. Auf einmal kommt der Ehemann überraschend nach Hause, und die Frau versteckt ihren Liebhaber im Schrank …
Der Sohn: »Dunkel hier drinnen …«
Der Mann (flüstert): »Stimmt.«
Der Sohn: »Ich hab einen Fußball …«
Der Mann: »Schön für dich.«
Der Sohn: »Willst du den kaufen?«
Der Mann: »Nee, vielen Dank!«
Der Sohn: »Mein Vater ist draußen!«
Der Mann: »Okay, wie viel?«

Der Sohn: »250 Euro.«
In der nächsten Woche passiert es wieder, dass der Sohn und der Liebhaber im gleichen Schrank landen.
Der Sohn: »Dunkel hier drinnen …«
Der Mann (flüstert): »Stimmt.«
Der Sohn: »Ich hab Fußballschuhe …«
Der Mann, in Erinnerung, gedanklich seufzend: »Wie viel?«
Der Sohn: »500 Euro.«
Nach ein paar Tagen sagt der Vater zum Sohn: »Nimm deine Fußballsachen und lass uns eine Runde spielen.«
Der Sohn: »Geht nicht, hab ich alles verkauft!«
Der Vater: »Für wie viel?«
Der Sohn: »Für 750 Euro.«
Der Vater: »Es ist unglaublich, wie du deine Freunde betrügst. Das ist viel mehr, als die Sachen gekostet haben. Ich werde dich zum Beichten in die Kirche bringen!«
Der Vater bringt seinen Sohn in die Kirche, setzt ihn in den Beichtstuhl und schließt die Tür.
Der Sohn: »Dunkel hier drinnen …«
Der Pfarrer: »Hör auf mit dem Scheiß!«

Für die Geschäftemacher mit der Prostitution hat der Fußball einen besonders großen Stellenwert. Im Vorfeld der WM in Südafrika warnte die Nationale Drogen-Behörde davor, dass zu den Weltspielen rund 40 000 zusätzliche Gasthuren aus Osteuropa und anderen afrikanischen Staaten anreisen würden.

Südafrikas Präsident Jacob Zuma war so besorgt, dass er – glaubt man der Internet-Website globalpost.com – bei einem Englandbesuch die britische Regierung angeblich um die Lieferung von einer Milliarde Kondomen bat. Die Briten reagierten mit bewährtem Understatement – und schickten 42 Millionen Verhüterli nach Südafrika.

(PJ)

Manneskraft – Nur eine Frage der Auslegung

Dass Fußball so populär ist, und das weltweit, verdankt er eigentlich altmodischen Attributen.

Im Prinzip hat jeder Chancen, diesen Sport erfolgreich auszuüben. Man braucht nichts weiter als ein bisschen Platz und einen beweglichen Gegenstand. Zum Beispiel eine leere Konservendose.

Fußball ist auch in weiblich dominierten Familien anerkannt, bleibt ungestört von Aufsicht, Vorwürfen und Verwandtenbesuchen.

Fußball spielt jeder Junge, zumindest theoretisch, und jeder hat ihn mal gespielt. Er gehört damit zum Klub der schätzungsweise zwanzig Millionen deutschen Bundestrainer, die bei uns im Lande tätig sind. Ehrenamtlich.

Es ist kein Zufall, wenn Gespräche über Fußball in Fragen nach dem Sexualleben enden. Denn beides wird an sogenannter Manneskraft gemessen. Hier werden scheinbar das häusliche Intimleben und ge- oder verschossene Elfmeter mit gleicher Elle gemessen.

So äußern sich die Spieler dazu: »Fußball ist ein Männersport. Wenn wir körperlos spielen wollen, dann können wir uns eine andere Sportart suchen.«

Auch Johan Cruyff meint: »Entscheidend sind im Fußball

zwei Dinge: Fußball ist erstens ein Spiel mit Fehlern und zweitens ein Männersport.«

Lothar Matthäus bietet den Kabarettisten diesbezüglich unerschöpflich Futter, aber es scheint, dass er sich nur bei denen lächerlich macht, die ihn beneiden. Denn er hat offensichtlich keine Schwierigkeiten, partyfrohe Partnerinnen zu finden.

Ein Liebespaar hat die Hochzeitsnacht hinter sich. Noch im Bett liegend fragt der Ehemann seine Frau: »Möchtest du lieber ein Mann sein?«
»Nein«, antwortet sie, »und du?«

Manneskraft ist gefragt. Stärker sein als die anderen ist das Ziel des Sports: höher, weiter, länger, schneller.

Irgendwann wird man allerdings an seine Grenzen stoßen. Das ist theoretisch richtig. Mein Freund Michael Lentz und ich waren uns aber auch einig, dass dieser Zeitpunkt vorläufig noch nicht auszumachen ist.

An einer Torwand kann ich besser sein als jeder berühmte Fußballer. Hier verbrüdere ich mich nicht nur mit einer Fangemeinde. Ich kann mit Glück vier Mal das Loch treffen und besser sein als Beckenbauer, der an diesem Tag nur drei Mal ins dahinterliegende Nichts schoss.

Die Torwand wird bald fünfzig Jahre alt. Sie altert nicht, hat im Gegenteil vermutlich über eine Million Nachahmungen anzubieten. Ich will hier nicht den Versuch unternehmen, als Amateurpsychologe aufzutreten, aber eine Studie mit höherer Bedeutung für den Fußball, die weit mehr zusammenfasst als den Gebrauch der Torwand am Samstagabend, könnte mich schon interessieren.

(DT)

Zuschauer – Liebeshunger in der Fernsehpause

Sex ist wichtiger als Fußball – nicht nur bei den Kickern, sondern auch bei jenen, die ihnen zuschauen. Das jedenfalls ergab eine ganz intime Umfrage des Internetportals Lovepoint.de, das 2012 zur Fußball-Europameisterschaft die simple, aber äußerst wichtige Frage stellte: Fußball oder Sex?

Was verstehen Männer unter Romantik?
Ein Fußballstadion mit Kerzenlicht.

Dabei kam durchaus Unerwartetes heraus: Nach Auskunft der 12491 Teilnehmer blieb die Lust auf Sex trotz EM-Euphorie bei 83 Prozent der Frauen und bei 82 Prozent der Männer konstant. Bei zwölf Prozent der weiblichen und bei zehn Prozent der männlichen Fans steigerte das Fußball-Großereignis gar den Liebeshunger. Und gewann die bevorzugte Mannschaft, traten 15 Prozent der Frauen und 14 Prozent der Männer sogar zu einem ausgiebigen Sieger-Sex an.

»Wie viele Hobbys hast du?«
»Sieben.«
»Sieben?«
»Sex und Fußball.«

»Kein Sexverzicht beim Fußballspiel«, stellte das Partnerportal überraschenderweise weiter fest. Das widerspricht allen Vorurteilen der Fußballgegner, die bislang ja eher tote Hosen in den Schlafzimmern der Fußballfans vermuteten. Aber: Fast jeder zweite Mann und jede dritte Frau verzichten auf keinen Fall auf ein heißes Liebesspiel, nur weil der Partner lieber dem Treiben auf dem Rasen zusehen will. Und sollte das Spiel einfach zu spannend sein, um sich nebenbei der Leidenschaft hinzugeben, dann darf es gerne ein kurzes Stelldichein während der Halbzeitpause sein. Der Witz hat das übrigens noch nicht begriffen:

> Zärtlich trägt der junge Ehemann die Braut über die Türschwelle und schaut zu, wie sie sich auszieht und ins Bett legt.
> Dann sagt er: »Du hast mich warten lassen, bis wir verheiratet sind. Jetzt musst du warten, bis die Fußballübertragung zu Ende ist.«

Fast jede vierte Frau und mehr als jeder fünfte Mann hatten tatsächlich schon einmal Sex in der Halbzeitpause. Nach längerer Abstinenz würden 72 Prozent der Frauen und 73 Prozent der Männer für ein heißes Liebesspiel sogar auf das EM-Finale verzichten.

Sex kann sogar eine Geheimwaffe sein, wenn man einen echten Fußballfan vom Sport abhalten will: Mit heißem Sex lassen sich 76 Prozent der befragten Männer vom Fußballschauen abhalten. Erstaunlicherweise war das aber nur für 65 Prozent der weiblichen Fans ein Grund, das Spiel zu unterbrechen.

Schließlich fragte Lovepoint.de auch, ob Fußballspieler die besseren Liebhaber sind. Die Hälfte (51 Prozent) der befragten Frauen war sich sicher, dass vor allem der Erfolg den Sexappeal des Spielers bestimmt. Jede fünfte konnte sich auch vorstellen, dass ein Fußballprofi eine sehr gute Ausdauer für das Liebesspiel mitbringt, darüber hinaus aber mehr mit sich selbst beschäftigt ist, als auf Frauen einzugehen.

Erstaunt fragt Claudia ihre Freundin auf der Party:
»Warum hast du denn dem tollen Fußballer gerade eine Ohrfeige gegeben?«
»Wegen Regelverstoß.«
»Was hat er getan?«
»Handspiel im Strafraum!«

Viele Mediziner sehen das allerdings anders: Beim Sex bilde sich das Geschlechtshormon Testosteron, das Knochen, Herz und Kreislauf und vor allem den Kampfgeist stärkt.

Das scheinen die Spieler selbst nur allzu genau zu spüren und lassen vermutlich deswegen ihren Trieben gerne einmal freien Lauf. Hinweise und Gerüchte dazu gibt es viele: Einige Spieler der israelischen Nationalmannschaft bestellten sich vor einem Heimspiel zur EM-Qualifikation 2000 mehrere Prostituierte aufs Hotelzimmer. Die Affäre flog auf, als Hotelangestellte benutzte Kondome in den Zimmern der Spieler fanden.

Ronaldo, einst einer der besten Fußballer der Welt, setzte 2008 angeblich erst seine Freundin mit dem Wagen zu Hause ab und lud dann drei Prostituierte zu einer Spritztour ein. Pech, dass die »Damen« Transvestiten waren.

Ein Fußballstar beklagt sich bei seiner Frau über die Lügen, die in den Medien über ihn verbreitet werden.
»Sei doch froh«, beschwichtigt sie, »dass die nicht die Wahrheit sagen.«

(PJ)

»Wir lassen uns beide von unseren Frauen scheiden und ziehen zusammen.«

Toni Polster über sein verbessertes Verhältnis zu Trainer Peter Neururer

»Das beste Trainingslager ist eine Frau, die eigene natürlich.«

Willi Lemke

»Immer, wenn ich breit bin, werde ich spitz.«

Wolfram Wuttke

»Ich habe viel von meinem Geld für Alkohol, Weiber und schnelle Autos ausgegeben. Den Rest habe ich einfach verprasst.«

George Best

»In der ersten Liga die Bälle zu halten find ich total geil. Da geht mir voll einer ab.«

Klaus Thomforde

»Franz ist wie Marlene Dietrich. Ein alternder Star, den man nach wie vor bewundern muss.«

Otto Rehhagel

»Er braucht täglich Sex, sonst kriegt er Kopfschmerzen.«

Maradona über Maradona

»Ich habe ja nie wirklich von Liebesverbot gesprochen. Ich habe auch nie gesagt, dass die Frauen nicht ins Teamhotel dürfen. Sie können gerne im Aufenthaltsraum mit den Spielern einen Kaffee trinken … oder Tee.«

Josef Hickersberger

»Ich werde nie Golf spielen. Erstens ist das für mich kein Sport, und zweitens habe ich noch regelmäßig Sex.«

Mehmet Scholl

»Wir haben in einigen Situationen unsere fußballerische Impotenz bewiesen.«

Hans Meyer

»Eine Ehe ist wie ein Fußballspiel: Man weiß nie, wie es ausgeht.«

Lothar Matthäus

11. Meisterschaften und Karrieren

»Ich habe meinen Spielern in der Pause gesagt: Wenn wir schon alle hier sind, können wir doch eigentlich auch mal ein bisschen Fußball spielen.«

Jürgen Klopp

Gewinner – Spiele, die man nie vergisst

Anhänger und Fans verlieren oder gewinnen mit ihrem Verein. Wenn es zu machen wäre, würden sie gern immer gewinnen.

Wie hoch sind die Gewinnchancen bei einem normalen Fußballspiel?

Anhänger eines Vereins errechnen sich eine 50-Prozent-Chance, zu gewinnen oder zu verlieren, wenn es das Unentschieden nicht gäbe. Das verringert, über den Daumen gerechnet, die Chance auf 33 Prozent. Pokalspiele sind rasanter, weil da das Unentschieden, bei sprachlich Gebildeten auch Remis genannt, wegfällt. Eventuell mit großem Brimborium, also mit Verlängerung und Elfmeterschießen.

Bei Elfmeterentscheidungen sehen wir jedoch die klare Frontstellung: alles oder nichts. Fünfzig-fünfzig oder fifty-fifty, was die Engländer aus unserem halbe-halbe gemacht haben. Allerdings ist Fifty, soweit mir bekannt ist, kein englischer Dichter, wie Max Halbe im Deutschen. Aber ich will nicht abschweifen.

»Schalker Kreisel« nannte man das berühmte Kurzpassspiel, bei dem die Schalker versuchten, die gesamte gegnerische Mannschaft so auszutricksen, dass der Ball am Ende in das leere Tor befördert werden konnte.

Die wirklich wichtigen Spiele, denen ich zuschauen konnte, sind diese:

1936: Ich war dabei, als Hüsten 09 Schalke 04 die einzige Niederlage der Saison beibrachte. Ich erwähne es, weil es kaum noch Menschen gibt, die das auch von sich sagen können.

1966: Das Wembley-Tor, das ich schon beschrieben habe. War der Ball vor der Linie oder war er dahinter?

1970: Italien – Deutschland 4:3, Mexiko. Hier fällt das berühmt gewordene Tor von Uwe Seeler.

1973: Das Pokalendspiel in Düsseldorf: Mönchengladbach – Köln. Mönchengladbach gewann, weil Günter Netzer sich gegen den Willen von Weisweiler selbst einwechselte und das entscheidende Tor schoss. Marcel Reif, Chefkommentator von Sky, nannte es »einen der faszinierendsten Momente der deutschen Fußballgeschichte«.

1974: Das Endspiel der Fußball-WM. Die Niederländer sind überlegen, aber »kleines dickes Müller« schießt mit einer raffinierten Drehung das Siegtor für die Deutschen.

1999: »Die Bayern-Spieler fallen zu Boden, einige beginnen zu weinen. Es sind die zwei unglaublichsten Minuten des Fußballs.« So schrieb die englische Zeitung *The Sun* über das Spiel Manchester United gegen Bayern München. Die Bayern führten vier Minuten vor Schluss 1:0 und verloren durch zwei Tore in der Nachspielzeit noch 1:2.

2001: Der letzte Spieltag der Bundesliga. 4 Minuten, 36 Sekunden war Schalke 04 deutscher Meister. So lange brauchten die Münchener Bayern in der Verlängerungszeit, um noch ein Tor zu schießen. Die Bayern waren wieder meisterlich und beförderten die Gelsenkirchener auf Platz zwei.

Was mich jetzt selber überrascht, ist, wie zeitlich eng diese Traumspiele beieinanderliegen. Zählen wir also das Spiel um den dritten Platz der WM 2006 noch hinzu.

(DT)

Schweden ’58 – Ein »Ja« und ein »Nein« für eine Serie

Seit 1954 habe ich jede WM genau verfolgt. Auch die eine, von der ich kein Spiel gesehen habe.

Ich hatte in Spanien Urlaub gemacht. Fußballspiele aus Schweden wurden dort nicht in deutscher Sprache übertragen, im Fernsehen ohnehin nicht. Das wunderte mich, denn deutsche Würstchen wurden angeboten.

Ich fuhr mit dem Auto die höchsten erreichbaren Berge hinauf, um im Autoradio und über die Deutsche Welle die Übertragungen zu verfolgen. Doch auch das war vergeblich.

Als ich am letzten Urlaubstag in Köln eintraf, hatte ich wirklich kein einziges Spiel gesehen und keine Übertragung gehört. Und da sagte meine Frau, als wir in Köln einfuhren: »Du, ich glaube, da steht dein Name auf dem Plakat.«

»Immer gut, wenn er da steht, der Name«, meinte ich, »aber warum sollte er das jetzt tun?«

Ich fuhr in eine Parklücke und ging zu einer der Litfaßsäulen mit den putzigen runden Türmchen zurück. Und da konnte ich lesen: »Am Samstag beginnt die große Fortsetzungsserie ›So war es in Schweden‹ – von …«

Ich fuhr sofort wütend zur Redaktion. Da taten alle so, als hätten sie nur mein Bestes gewollt. Vor allem die fünf Kollegen, die in Schweden gewesen waren, schlossen sich begeistert dem Vorschlag des Vertriebs an, dass ich der Autor sein solle. Ich hätte doch schon so viele erfolgreiche Serien geschrieben. Und so sollte ich auch jetzt, mit dem Material, das mir die anderen an die Hand gaben, ein spannendes Stück liefern. Woher die Spannung kommen sollte, nachdem die deutsche Mannschaft das Spiel um den dritten Platz unattraktiv verloren hatte, wusste auch keiner so recht. Dass die Kollegen alle dringend Urlaub machen mussten, leuchtete ein. Ich kam ja auch gerade aus den Ferien zurück und stellte eine provozierend gebräunte Haut zur Schau.

Den Ausschlag gab am Ende das Argument, dass wir eine Fortsetzungsserie, die so vollmundig angekündigt worden war, nicht einfach auslassen konnten.

Ich begab mich also auf die Suche nach Quellen.

Die Kollegen wollten mir noch einen Gefallen tun und arrangierten einen Gesprächstermin mit Hansi Sturm, der trotz seines vielversprechenden Namens bei der WM nur auf der Bank gesessen hatte. Es stellte sich heraus, dass von der gesamten Nationalmannschaft nur Hansi Sturm nicht in Urlaub gefahren war. Georg Stollenwerk wurde immerhin früher zurückerwartet.

Hansi Sturm trug einen Trainingsanzug. Wir setzten uns zusammen, und ich fragte, ob es denn nicht fürchterlich frustrierend sei, dazusitzen, spielen zu wollen und nicht zu dürfen.

Hansi Sturm antwortete zögerlich, aber dann doch deutlich: »Nein«.

Ich stellte eine neue Frage: »Würden Sie denn unter denselben Bedingungen noch einmal hinfahren?«

»Ja«, antwortete Hansi Sturm.

Damit stand er auf und fügte sichtlich selbstzufrieden hinzu: »Ja, das hätten wir dann wohl.«

Ich fühlte mich nicht sehr wohl auf meinem Nachhauseweg. Ich besaß ein »Nein« und ein »Ja« als Grundstock für eine Serie von dreißig Folgen.

Ich brauchte einen Spieler, der gut erzählen konnte. Der FC-Köln-Spieler Hans Schäfer machte in Kärnten Urlaub, wie ich erfahren konnte. Und jetzt hatte ich Glück. Wir telefonierten, und ich fuhr am nächsten Tag nach Kärnten. Ich durfte mit einem echten Weltmeister auf einer echten Wiese trainieren und einige echte Bälle kicken. Was für ein Gefühl!

Nachts hatte ich noch die ersten drei Fortsetzungen geschrieben. Die Spieler saßen in der Eisenbahn und unterhielten sich, was denn in Schweden wohl auf sie zukäme.

Am Freitag war ich wieder zu Hause und trug das Material für die Serie in der Tasche. Ich freute mich, obwohl die Serie den Makel einer unglücklichen Geburt nie ganz verleugnen konnte.

In Köln begannen die geduldigen Leser inzwischen unmutig zu werden. Sie murrten: »Da passiert ja nichts!«

Am Samstag wurde die lange Zugfahrt beendet.

Im ersten Spiel mussten die Deutschen gegen Argentinien antreten. Sie gewannen 3:1. Sie kamen ins Halbfinale gegen den Gastgeber Schweden und verloren in einem emotionsgeladenen Fight 1:3. Zum Endspiel versuchten die Rundfunkanstalten zum ersten Mal eine ernst zu nehmende Fernsehübertragung. Aber noch behielt das Radio die Oberhand.

Im Spiel um den dritten Platz verloren die Deutschen gegen Frankreich 3:6. Das erinnerte fast an Bern, nur gab es hier kein zweites Spiel, mit dessen Gewinn man alles noch ändern konnte.

In den vier Jahren hatte sich im Verhältnis zum Fernsehen nicht viel getan. Es sei denn, man wertet als Fortschritt, dass der Verteidiger Juskowiak immer wieder in demselben Filmausschnitt gezeigt wurde. Das Fernsehen dominierte noch nicht. Vier Jahre später in Chile hatten die Chilenen offenbar kein Interesse am technischen Fortschritt und brachten nicht viel zustande.

Es brillierten die deutschen Tugenden. Was sind die deutschen Tugenden? Fleiß, Pünktlichkeit und Disziplin. Nichts, was Zuschauer faszinieren könnte.

Erst 1966 ließ das Wembley-Tor zwei Nationen, die Engländer und die Deutschen, fanatisch diskutieren, ob der Ball die Torlinie überschritten hatte oder nicht.

Man darf behaupten, dass die Fernsehsender das Programm übernommen hatten. Das Fernsehen steigerte sich. Es ließ kein Spiel aus. Wenn zwei Spiele zur selben Zeit stattfanden, wurden auch beide übertragen.

Es war ein langweiliges Turnier und aus deutscher Sicht auch eine uninteressante Weltmeisterschaft.

In Chile verloren die Deutschen gegen Jugoslawien im Viertelfinale. Die Chilenen hatten vorher gegen die viel stärker eingeschätzte Sowjetunion gewonnen.

(DT)

ARD-intern – Mexiko tanzt auf Autodächern

Es geht um die Weltmeisterschaft 1970. Ein Streit brodelte in einigen Redaktionen der ARD. Er war nicht wirklich wichtig, und die Zuschauer und Hörer merkten nichts davon. Es ging darum, ob die Sportredaktion weiterhin der politischen Redaktion unterstehen sollte.

Ganz Lateinamerika würde auf die Vorgänge in Mexiko-City blicken. Ich argumentierte: »Fußballweltmeisterschaften und Olympische Spiele werden immer mehr zu politischen Ereignissen, und in Mexiko zum Beispiel sollen als unruhig bekannte Studenten für die Zeit der WM ins Gefängnis geworfen werden. Ich möchte deswegen beantragen, dass auch zwei politische Redakteure in das Mexiko-Team aufgenommen werden.«

Mein Direktor versprach, er würde das unterstützen. Und dann geschah etwas, das mich an eine alte Karajan-Anekdote erinnert:

Herbert von Karajan stürmt aus der Philharmonie und läuft auf ein Taxi zu.

»Wohin wollen Sie?«, fragt der Fahrer.

»Egal, ich werde überall gebraucht.«

Wie der Sport in totalitären Staaten instrumentalisiert wird, hielten jedoch alle für eine wichtige politische Frage.

Ich hatte wirklich nicht für mich etwas herausholen wollen und wäre auch zufrieden gewesen, wenn ein anderer Redakteur gefahren wäre.

Lange hörte ich nichts. Ich war gerade in Japan, da erreichte mich der nächste Anruf:

»Fahren Sie gleich weiter nach Mexiko.«, sagte Direktor Brühl. »Die ARD ist nicht einverstanden, deswegen schicken wir Sie für den WDR dorthin.«

Die Kollegen vom Sport behandelten das wie eine Kriegserklärung. Sie sahen mich eher als Kontrolleur denn als Kollegen. Ich erhielt keine Eintrittskarten und musste sie mir auf anderen Wegen, mithilfe englischer Kollegen, besorgen. Ich bekam weder einen Dienstwagen für notwendige Fahrten noch irgendwelche Einladungen, sondern musste alles selbst organisieren.

Aber so war ich dabei, als jenes legendäre Spiel zwischen Italien und Deutschland stattfand, in dem Uwe Seeler das berühmt gewordene Tor mit dem Hinterkopf erzielte. So schön, so aufregend, so sehenswert kann Fußball sein …

Die Mexikaner tanzten nach dem ersten Sieg auf den Autodächern der parkenden Besucher. Denen schien das nichts auszumachen, sie tanzten mit.

Da sehe ich nach wie vor einen Unterschied zwischen mexikanischer und deutscher Fußballbegeisterung. Deutsche Fußballfans tanzen nicht auf ihrem Auto.

Ich nahm das Getöse auf Tonband auf und vermittelte es einschließlich des Torschreis meines mexikanischen Kollegen an meinen Sender in Köln. Der war glücklich damit, und ich war es auch. Ich spezialisierte mich auf Originalton-Reportagen, und so kamen wir uns nicht mehr in die Quere, die Sportkollegen und ich. Am Ende vermittelten wir sogar ein sehr harmonisches Bild.

Nur die Zahlweise veränderte sich auf merkwürdigen Wegen. Hatten bisher Sportveranstalter dafür gezahlt, dass sie im Fernsehen auftreten durften, mussten nun plötzlich die Fernsehsender tief in die Tasche greifen, wenn sie eine attraktive Sportart senden wollten. Diejenigen, die das vorausgesehen hatten – und in den USA konnte man das tun –, verdienen sich jetzt die berühmte »goldene Nase«.

(DT)

Superkarrieren – Ein WM-Stadion kostet fünf Bales

Im September 2013 registrierte die Fußballwelt ein Ereignis, das alles bisher Dagewesene in den Schatten stellte: Für den walisischen Weltklassespieler Gareth Bale zahlte Real Madrid die Rekordablösesumme von rund 100 Millionen Euro. Real-Präsident Pérez erklärte allerdings in einem späteren Interview, die Ablöse habe nur 91 Millionen betragen. Somit wäre Cristiano Ronaldo mit 94 Millionen nach wie vor der teuerste Transfer aller Zeiten.

Beim ganz großen Spiel dreht sich immer alles auch um ganz viel Geld. Vor allem bei Spielertransfers greifen die Vereine tief in die Kasse. Der Franzose Zinédine Zidane war

Juventus Turin beispielsweise mehr als 73 Millionen Euro wert, und für den Weltklassedeutschen Mesut Özil berappte der FC Arsenal immerhin 50 Millionen Euro.

Mario Basler wird gefragt: »Wissen Sie eigentlich, dass Sie viel mehr verdienen als Helmut Kohl?«
Seine Antwort: »Das mag schon sein, aber haben Sie Helmut Kohl mal Fußball spielen sehen?«

Angesichts solcher Riesensummen wirkt es geradezu bescheiden, dass im Sommer 2013 alle deutschen Bundesligaklubs zusammen etwa 205 Millionen Euro für neue Spieler ausgegeben haben. Und niemand in der Fußballwelt wundert sich noch, wenn ein Fußballstadion für eine WM nur fünf Mal so viel kostet wie ein Gareth Bale.

Im Vorfeld der Weltmeisterschaft 2014 kam es allerdings in Brasilien zu Demonstrationen. Hunderttausende gingen wegen der staatlichen Misswirtschaft auf die Straßen, aber auch, weil für die Vorbereitungen zur WM ihrer Meinung nach Milliarden an Steuergeldern verschwendet wurden. Mehr als 15 Milliarden Euro soll das Großereignis den Staat kosten. Allein das neue Nationalstadion in Brasilia schlägt mit rund 500 Millionen Dollar zu Buche. Ebenso viel kostet der Umbau des Maracanã-Stadions in Rio de Janeiro.

Die Brasilianer verwiesen bei ihren Protesten auch auf die WM in Südafrika, wo beispielsweise für 536 Millionen Dollar das Cape-Town-Stadion gebaut wurde. Dort fanden gerade einmal acht WM-Spiele statt. Heute kickt dort der lokale Fußballverein ein paar Mal im Jahr vor ein paar Tausend Fans. Nachhaltigkeit sieht anders aus.

(PJ)

»Zu 50 Prozent haben wir es geschafft, aber die halbe Miete ist es noch nicht.«

Rudi Völler

»Ich kenne diese Mannschaft von Mönchengladbach. Und ich habe etwas dazu beigetragen, dass sie so spielt, wie sie spielt. Dass sie mit besonderem Ehrgeiz ans Werk gehen, das gilt besonders für Spieler wie Berti Vogts, Jupp Heynckes und Rainer Bonhof.«

Hennes Weisweiler

»Die Schweden sind keine Holländer, das hat man ganz genau gesehen.«

Franz Beckenbauer

»Und jetzt skandieren die Fans wieder: Türkiye, Türkiye. Was so viel heißt wie Türkei, Türkei.«

Heribert Faßbender

»Es war die Hand Gottes.«

Diego Maradona auf die Frage, ob er das entscheidende Tor im WM-Viertelfinale gegen England bei der WM '86 mit der Hand erzielt habe.

12. Zukunft und Visionen

»Das nächste Spiel ist immer das nächste.«
Matthias Sammer

2222 – Mit dem Fußball-Nasy zur Avatar-WM

Irgendwann, vielleicht auch erst im Jahre 2222, gewöhnen wir uns daran, dass wir bei einem Fußballspiel nicht live dabei sein können. Dann finden die Fußballspiele der unterschiedlichen Meisterschaften in riesigen Fernsehstudios statt, deren Übertragung wir in noch größeren Freizeitzentren erleben, in denen wir selbst Sport treiben, essen, trinken, schlafen und Fußballspiele sehen können, die noch zu erfinden sind.

Oder wir sehen uns das aktuelle WM-Spiel statt auf einer App unseres Smartphones mit unserem Nasy an – eine kleine Brille, auf die uns die Spiele direkt überspielt werden.

Wir stehen dann praktisch mitten auf dem Spielfeld, zwischen den Ribérys und Ronaldos der Zukunft – das suggerieren uns zumindest die Bilder der vielen Kameras in den TV-Sport-Studios. Wir können sogar während eines WM-Spiels dem Ball hinterherlaufen, wie ein Star einen Schuss aufs gegnerische Tor abgeben oder einem gehassten Gegner einen Tritt in den Hintern verpassen, ohne dass der Spielverlauf dadurch gestört würde. Es gibt dann unterschiedliche Programme, die uns sogar zu Meisterschützen in Weltmeisterschaften machen.

Für eine Weltmeisterschaft in Brasilien müssten keine riesigen Stadien für Hunderttausende von Zuschauern mehr gebaut werden. Milliarden an Kosten werden gespart, die in die Medienindustrie investiert werden können. Zufahrtsstraßen, Riesenparkplätze, Bratwurst- und Bierbuden sowie kilometerlange Reihen mit Klos brauchen wir nicht mehr.

Das Wetter in den TV-Fußballarenen im Jahr 2222 wird vor dem Spiel ausgelost. Vielleicht gibt es ja eine hohe Luftfeuchtigkeit wie in Rio, möglicherweise auch ein gemäßigtes Klima wie in Deutschland.

Die Einzigen, die das noch in natura erleben können, sind die Zuschauer und Spieler von Eintracht Braunschweig. Dieser Verein durfte sein altes, offenes Eintracht-Stadion behalten. Es wurde sogar Weltkulturerbe der Unesco. Seitdem sorgen Zuschauer aus der ganzen Welt dafür, dass Braunschweigs Spiele immer ausverkauft sind.

Sagt der Mann zu seiner Frau: »Schade das es zurzeit so wenig Fußball im Fernsehen gibt.« Sagt die Frau: »Na ja, bei dem schönen Wetter können die ja auch draußen spielen!«

Schiedsrichter machen keine Fehler mehr, denn Roboter überwachen die Spieler. Fouls und Fehlentscheidungen werden in Sekundenschnelle registriert und korrigiert. Roboter betätigen die Pfeifen der Schiedsrichter schneller, als ein Mensch zum Pfeifen Atem holen kann. Abseits wird endlich wirklich ein Abseits sein, und eine Schwalbe wird garantiert als solche erkannt.

Amerikanische Wissenschaftler haben einen Supercomputer entwickelt, der angeblich alles weiß!
Ein Starspieler möchte ihn natürlich vor dem Kauf testen und stellt eine Testfrage: »Wo ist mein Trainer zurzeit?«
Die Wissenschaftler geben die Frage ein, der Computer

rechnet und druckt aus: »Ihr Trainer sitzt in der Maschine LH474 nach Peking! Er will dort einen Vertrag in Höhe von 20 Millionen Dollar abschließen …«
Der Starspieler ist begeistert, will aber noch einen Test machen und fragt: »Wo ist mein Vater zurzeit?«
Wieder rechnet der Computer und druckt aus: »Ihr Vater sitzt am Mississippi und angelt!«
»Ha!«, ruft der Starspieler: »Wusste ich's doch, dass er das nicht weiß. Mein Vater ist seit fünf Jahren tot.«
Die Wissenschaftler sind bestürzt, überlegen und geben dann die Frage noch einmal zur Kontrolle ein. Der Computer rechnet länger und druckt schließlich eine neue Antwort aus: »Tot ist der Ehemann Ihrer Mutter. Ihr Vater sitzt am Mississippi und angelt.«

Verletzungen von Spielern werden in wenigen Minuten durch Roboterärzte geheilt. Schnittwunden zugeschweißt, blutende Körperöffnungen verödet, Schwächeanfälle von Spielern durch dopingfreie Medikamente behoben.

Im Krankenhaus fragt die Krankenschwester den Fußballer bei der Aufnahme: »Haben Sie einen Pyjama?«
Darauf der Fußballspieler unsicher: »Der Doktor hat etwas von Blinddarm gesagt …«

Der Jubel der Zuschauer wird von den TV-Studios eingespielt, nachdem Reaktionen von echten Menschenfans in sogenannten Klatschbuden ermittelt und das Ergebnis an die Studioregie übermittelt wurde.

Bengalisches Feuerwerk, Cola-Dosen als Wurfgeschosse und Nacktflitzer wird es Gott sei Dank nie mehr geben, und die Horden schlecht gekleideter Hooligans, die vor den Fernsehstudios demonstrieren wollen, werden in Darkrooms umgeleitet. Hier dürfen sie ihre Parolen rausschreien, bis ihnen die Mandeln glühen. Das Interesse an den Hooligans wird allerdings schnell abflauen, wenn sie niemand mehr hören kann und ihr hilfloses Armheben nicht mehr in der *Tagesschau* gezeigt wird.

Sportnachrichten in den täglichen Newssendungen erübrigen sich in Zukunft, denn jeder kann sich zu jeder Zeit seine Fußballübertragung auf die Brille holen – oder eine Zusammenfassung der wichtigsten Spiele.

Natürlich werden nicht alle Spieler für die neue Fußballwelt geeignet sein, so wie auch heute viele Fußballbegeisterte nicht mit Computer & Co zurechtkommen.

Der folgende Witz beschreibt übrigens, welche Probleme auf die Ignoranten der vernetzten Welt zukommen, am Beispiel eines Dialogs mit Lothar Matthäus:

Hotline: »Firma D & V Hotline, guten Tag.«
Matthäus: »Guten Tag! Mein Name ist Lothar Matthäus. Ich habe ein Problem mit meinem Rechner.«
Hotline: »Welches denn, Herr Matthäus?«
Matthäus: »Auf meiner Tastatur fehlt eine Taste.«
Hotline: »Welche denn, Herr Matthäus?«
Matthäus: »Die Enikei-Taste.«
Hotline: »Wofür brauchen Sie denn diese Taste?«
Matthäus: »Keine Ahnung, aber das Programm verlangt diese Taste.«
Hotline: »Was ist das für ein Programm?«
Matthäus: »Das weiß ich nicht, aber es will, dass ich die Enikei-Taste drücke. Ich habe schon die Strg-, die Alt- und die Großmachtaste gedrückt, aber es tut sich nichts.«
Hotline: »Herr Matthäus, was steht denn gerade auf Ihrem Schirm?«

Matthäus: »Ein kleiner Schlumpf aus einem Überraschungsei.«
Hotline: »Nein, Herr Matthäus, was auf Ihrem Schirm steht, möchte ich wissen.«
Matthäus: »Moment, der hängt an der Garderobe.«
Hotline: »Halt, Herr Matthäus .... Herr Matthäus?«
Matthäus: »So, jetzt habe ich ihn aufgespannt, aber es steht nichts drauf.«
Hotline: »Herr Matthäus, schauen Sie bitte auf Ihren Bildschirm und lesen Sie mal genau vor, was dort geschrieben steht!«
Matthäus: »Ach so, Sie meinen ...... oh, Entschuldigung! Da steht: Plies press Enikei tu kontinu!«
Hotline: »Aha, das heißt: ›Please press any key to continue!‹ Der Computer meldet sich also in Englisch.«
Matthäus: »Nein, wenn er was sagt, dann piepst er nur.«
Hotline: »Drücken Sie mal auf die ENTER-Taste!«
Matthäus: »Jetzt geht's. Das ist die Enikei-Taste. Das könnten Sie aber auch gleich draufschreiben. Gut, wie kann man denn jetzt das Programm beenden, damit ich wieder arbeiten kann?«
Hotline: »Sie müssen erst mal rausgehen.«
Matthäus: »Gut, Moment.«
Hotline: »Nein, Herr Matthäus, bleiben Sie doch am Telefon! Ich meinte .... Herr Matthäus?? Hallo! .... Hallo ....?«
Matthäus: »Da bin ich wieder. Ich konnte Sie im Flur kaum noch hören.«
Hotline: »Sie sollten auch nicht auf den Flur gehen. Ich wollte nur, dass Sie das Fenster schließen!«
Matthäus: »Warum sagen Sie das nicht gleich? Warten Sie ...«

Hotline: »Herr Matthäus?«
Matthäus: »So, da bin ich wieder, soll ich die Tür auch zumachen?«
Hotline: »Nein, Herr Matthäus. Nein, wirklich nicht! Eigentlich sollten Sie nur das Programmfenster schließen, aber ich glaube, es ist besser, wenn Sie gleich den Stecker aus der Dose ziehen!«
Matthäus: »Wenn Sie meinen ...«
Hotline: »Halt!!! Das war doch nur ein Scherz, Herr Matthäus.«
Matthäus: »So, hab ihn rausgezogen ... Hallo? Hallo? Sind Sie noch dran? Komisch, jetzt ist die Leitung tot. Also die Leute von der Hotline haben auch überhaupt keine Ahnung.«

Sicher, irgendwann wird es in aller Welt Diskussionen über den Untergang der Sportfreiheit geben. In Talkshows werden Roboter ihr Verhalten verteidigen und FDP-Politiker anmerken, dass sie diese Entwicklung verhindert hätten, wenn man sie wieder in den Bundestag gewählt hätte. Aber all das wird nichts ändern. Denn die FIFA und ihre Blatter-Nachfolger können sich bei ihrem Vorgehen ganz sicher auf die Fans stützen. Denn die werden dieses totale Spielgefühl genießen und jede Neuheit mit großem Jubel begrüßen – selbst wenn eines Tages keine Menschen mehr in den Mannschaften spielen, sondern Avatare deren Part übernehmen. Hauptsache, die Deutschen gewinnen die Weltmeisterschaft 2222 in Brasilien. Dann ist alles gut.

(PJ)

»Das größte Problem beim Fußball sind die Spieler. Wenn wir die abschaffen könnten, wäre alles gut.«
Helmut Schulte

»Ich wage mal eine Prognose: Es könnte so oder so ausgehen.«
Ron Atkinson

»Irgendwelche Fragen, bevor ich gehe und mich aufhänge?«
Bert Papon, Trainer des schottischen Klubs Dunfermline Athletic, auf einer Pressekonferenz nach einer 0:7-Niederlage

»Montag, Dienstag, Mittwoch, Donnerstag …«
Dragoslav Stepanović auf die Frage eines Reporters, was die kommende Woche bringe.

»Sie sollten das Spiel nicht zu früh abschalten. Es kann noch schlimmer werden.«
Heribert Faßbender

»Wir lassen uns nicht nervös machen, und das geben wir auch nicht zu.«
Olaf Thon

»Konzepte sind Kokolores.«
Erich Ribbeck

»Das ist Schnee von morgen.«
Jens Jeremies

Verlängerung: Die Stars unter den Sprüchen und Witzen

Sieger 1 – Die Top Ten der Fußballsprüche

»Fußball beherrscht den Teil des Hirns des Mannes, in dem er sich weigert, erwachsen zu werden.«
Peter Ustinov

»Ich habe viel von meinem Geld für Alkohol, Weiber und schnelle Autos ausgegeben. Den Rest habe ich einfach verprasst.«
George Best

»Wenn man Gelb hat und so reingeht, kann man nur wichtige Termine haben.«
Johannes B. Kerner

»Nein, liebe Zuschauer, das ist keine Zeitlupe, der läuft wirklich so langsam.«
Werner Hansch

»Man hetzt die Leute auf mit Tatsachen, die nicht der Wahrheit entsprechen.«
Toni Polster

»Wenn ich übers Wasser laufe, dann sagen meine Kritiker, nicht mal schwimmen kann er.«
Berti Vogts

»Fußballspielen können wir selber. Wir brauchen einen Trainer, der lustig ist.«
Wolfgang Overath

»Ich bin Angestellter des 1. FC Köln und würde auch trainieren, wenn der Trainer Willy Millowitsch hieße.«
Toni Schumacher

»Sutter hat in den Füßen mehr Gefühl als andere in den Händen. Bei ihm möchte man Ball sein.«
Thomas Klementz

»Bei einem Fußballspiel verkompliziert sich alles durch die Anwesenheit der gegnerischen Mannschaft.«
Jean-Paul Sartre

Sieger 2 – Die Top Twenty der Fußballwitze

Vor jedem S04-Heimspiel wird aus dem Hauptfanblock ein Kandidat für ein Gewinnspiel auserwählt. Man muss nur eine Frage richtig beantworten, dann bekommt man eine Dauerkarte für die nächste Saison geschenkt.
Chantal wird ausgewählt, der Stadionsprecher beginnt: »Also Chantal, wenn du mir diese eine Frage beantwortest, hast du gewonnen. Also, was ergibt 3 × 3?«
Chantal: »5.«
Der Stadionsprecher guckt erschrocken. »Äh, nee.«
Das ganze Stadion singt: »Gib sie noch 'ne Chance. Gib sie noch 'ne Chance.«

Stadionsprecher: »O.k., wenn ihr denn alle wollt, na gut. Chantal, das ist aber wirklich deine letzte Chance: Was ist 3 × 3?«
Chantal: »7.«
Der Stadionsprecher bekommt einen Schweißausbruch, das Stadion singt wieder: »Gib sie noch 'ne Chance! Gib sie noch 'ne Chance!«
Stadionsprecher: »Na ja, was soll ich denn machen? Chantal, nun hör mal, das ist doch nicht so schwer, was ist 3 × 3?«
Chantal: »9.«
Das Stadion: »Gib sie noch 'ne Chance! Gib sie noch 'ne Chance!«

Ein Spieler der gerade abgestiegenen Düsseldorfer Fortuna zischt seine Frau beim Streit an: »Wieso guckst du eigentlich immer diese Kochshows. Du kannst doch gar nicht kochen.«
Sie kontert: »Na und! Du guckst doch auch immer Fußball im Fernsehen.«

Zärtlich trägt der junge Ehemann die Braut über die Türschwelle und schaut zu, wie sie sich auszieht und ins Bett legt.
Dann sagt er: »Du hast mich warten lassen, bis wir verheiratet sind. Jetzt musst du warten, bis die Fußballübertragung zu Ende ist.«

Matthias Sammer sieht, wie Fredi Bobic aus einer Pfütze trinkt. Er sagt zu ihm: »Hey, lass das! Da sind doch Bazillen drin.«
Darauf antwortet Fredi: »Keine Panik, die sind alle tot! Ich bin vorher extra drei Mal mit dem Auto durchgefahren!«

Die Frau von Mario Basler in der Hochzeitsnacht: »Ich muss dir was gestehen, ich habe Asthma.«
Mario: »Ein Glück, ich dachte schon, du pfeifst mich aus!«

Ein Mann sitzt im eigentlich ausverkauften Stadion des WM-Finales und hat neben sich einen leeren Sitz. Irritiert fragt er den Zuschauer auf der anderen Seite des leeren Platzes, ob der Platz jemandem gehöre.
»Nein«, lautet die Antwort. »Der Sitz ist leer.«
»Aber das ist doch unmöglich! Wer in aller Welt hat eine Karte für das WM-Finale, das größte sportliche Ereignis überhaupt, und lässt dann den Sitz ungenutzt?«
»Nun, der Sitz gehört zu mir. Meine Frau wollte mitkommen, aber sie ist kürzlich verstorben. Es ist das erste WM-Finale, das wir uns nicht gemeinsam ansehen können, seitdem wir geheiratet haben.«
»Oh, das tut mir leid. Aber wollte denn niemand Ihrer Verwandten oder Freunde an ihrer Stelle mitkommen?«
Der Mann schüttelt den Kopf: »Nein, die sind alle auf der Beerdigung.«

Ein durch die Weltmeisterschaft populär gewordener Spieler wird nach dem Besuch einer Kunstausstellung gefragt: »Was denken Sie denn über Toulouse-Lautrec?«
»Och«, antwortet der, »ich tippe 2:1.«
Derselbe Spieler wird zu einer Literatur-Veranstaltung eingeladen. Ein Reporter fragt ihn hinterher: »Was halten Sie denn von Rainer Maria Rilke?«
»Och«, antwortet der, »die sind alle drei in Ordnung!«

Ein BVB-Fan betritt eine Kneipe und ruft in die Menge: »Hey, wer will einen super Schalke-Witz hören?«

Am Tresen dreht sich ein glatzköpfiger Kerl um und sagt: »Ich bin 1,93 Meter groß und 140 Kilo schwer und ein S04-Fan. Mein Kumpel neben mir ist 2 Meter groß, wiegt 150 Kilo und ist auch S04-Fan, und sein Kumpel ist sogar 2,03 Meter groß und 166 Kilo schwer und ebenfalls S04-Fan! Möchtest du uns deinen Witz immer noch erzählen?« Darauf der Dortmunder: »Lieber nicht, bevor ich ihn drei Mal erklären muss.«

»Die Ostfriesen und die Bayern spielen Fußball. Da fährt ein Zug in der Nähe vorbei und pfeift. Die Ostfriesen denken, das Spiel ist zu Ende, und gehen nach Hause. (Pause) Eine halbe Stunde später fällt das erste Tor für die Bayern.«

Zwei Fans treffen sich.
»Du, meine Frau will sich scheiden lassen, wenn ich weiterhin jedes Wochenende zum Fußballplatz gehe.«
»Das ist aber sehr unangenehm.«
»Ja, allerdings, sie wird mir sehr fehlen.«

Der Fußballtrainer zum Rundfunkreporter: »Können Sie nicht etwas langsamer reden? Meine Jungs können nicht so schnell rennen, wie Sie sprechen!«

Der Fußballer ist gefoult worden und humpelt nun mit schmerzverzerrtem Gesicht auf dem Spielfeld herum. Da meint der Trainer zum Vereinsmasseur: »Bei dem weiß man nie, ob man den Doktor oder den Theaterkritiker kommen lassen soll.«

Zwei Schiedsrichter treffen sich in der Umkleidekabine. Sagt der eine: »Es gibt natürlich viele Wege, um an Geld

zu kommen, aber nur einen einzigen, der anständig ist.«
»Und der wäre?«, fragt der andere.
»Ich habe mir gleich gedacht, dass Sie den nicht kennen.«

Der Teufel besucht Petrus und fragt ihn, ob man nicht mal ein Fußballspiel »Himmel gegen Hölle« machen könnte.
Petrus hat dafür nur ein Lächeln übrig: »Glaubt ihr, dass ihr auch nur die geringste Chance habt? Sämtliche guten Fußballspieler sind im Himmel: Pelé, Beckenbauer, Charlton, Di Stéfano, Müller, Maradona …«
Der Teufel lächelt: »Macht nichts, WIR haben alle Schiedsrichter.«

Der Sohn kommt vom Training nach Hause und jammert: »Mama, Mama, ich halte das nicht mehr aus! Alle sind so böse zu mir und schneiden hinter meinem Rücken Grimassen. Kein Mensch lacht, wenn ich mal einen Scherz mache. Ich bekomme keinen Ball, wenn sie sich die Bälle gegenseitig zuschieben. Es ist unerträglich.«
Da sagt die Mutter: »Junge, du musst das durchstehen, bist schließlich erst sechs Wochen Cheftrainer!«

Der Fußballprofi kommt stolz nach Hause: »Ich habe heute zwei Tore geschossen!«
»Und wie ist das Spiel ausgegangen?«
»1:1!«

Sagt der Mann zu seiner Frau: »Schade, dass es zurzeit so wenig Fußball im Fernsehen gibt.« Sagt die Frau: »Na ja, bei dem schönen Wetter können die ja auch draußen spielen!«

Warum spielen nicht mehr Frauen Fußball?
Sie hassen es, wenn elf Frauen gleichzeitig die gleiche Kleidung tragen.

In die Siegesfeier eines Fußballvereins platzt der Masseur mit der Nachricht: »Unser Mittelstürmer ist soeben Vater von Zwillingen geworden.«
Der Mannschaftskapitän ruft stolz aus: »Donnerwetter! Da ist ihm ja ein schöner Doppelpass gelungen.«
In diesem Augenblick kommt der Trainer in die Kabine: »Moment! Vergessen wir nicht die exzellente Vorarbeit unseres Liberos!«

Maradona, Pelé und Krankl streiten sich, wer der größte Fußballer aller Zeiten war. Maradona sagt: »Ich bin der größte aller Zeiten. Ich werde in Argentinien wie ein Gott verehrt.«
Pelé sagt: »Ich werde weltweit wie ein Gott verehrt und habe außerdem vor Kurzem geträumt, dass Gott mit mir sprach und gesagt hat: ›Pelé, du bist der beste Fußballer aller Zeiten.«
Daraufhin Hans Krankl: »Wos hob i zu dir g'sogt?«

Anhang

Sagt der Nationalspieler: »Unser Training ist manchmal so geheim, dass wir selber gar nicht mitspielen dürfen.«

Die Autoren

Peter Jamin, Jahrgang 1951, arbeitete 15 Jahre lang als Redakteur und stellvertretender Redaktionsleiter bei der Zeitungsgruppe WAZ, bevor er sich selbstständig machte. Seitdem arbeitet er als Journalist, Schriftsteller und Berater für Kommunikation. Jamin veröffentlichte mehr als dreißig Bücher. Für herausragende journalistische Leistung wurde er mit dem »GdP-Stern 2012« der Gewerkschaft der Polizei ausgezeichnet. Er lebt in Düsseldorf.

Dieter Thoma, 1927 in Paderborn geboren, war Kabarettist und freier Autor, bevor er Journalist wurde. Der ehemalige Chefreporter des *Kölner Stadt-Anzeigers* war später Chefredakteur des WDR-Hörfunks und Moderator u. a. des Mittagsmagazins, des *Kölner Treffs* und des *Presseclubs*. Thoma lebt in Köln.

Unser Fußballbuch im Netz

»Besser Eigentor als gar kein Tor« ist ein prima Buchtitel, aber etwas schwer zu behalten. ☺ Im Internet finden Sie uns deshalb ganz einfach unter

www.DASfussballbuch.de

Hier erfahren Sie Wissenswertes und Hintergründiges zum Buch und zu den Autoren, aktuelle Termine, z. B. für Lesungen und Aktionen, sowie Neues, Spannendes und Witziges über den täglichen Fußball-Wahnsinn.

Viel Spaß wünschen

Peter Jamin und Dieter Thoma

Dank

Peter Jamin dankt:

Lydia Gruber und Jürgen Spreemann für das hervorragende Leser-Lektorat, Jürgen Schneider für die fachliche Unterstützung und Susanne Colombi für die gute Transkription sowie einer Reihe von Informanten, die nicht genannt werden möchten, für ihre Tipps und Hinweise.

Dieter Thoma dankt:

Fabian Böde und Gurdrun Schmidt, die ihm sehr erfolgreich beigestanden haben, den Computer zu bändigen.

blanvalet
DAS IST MEIN VERLAG

... auch im Internet!

twitter.com/BlanvaletVerlag

facebook.com/blanvalet

CAN - 7768

RACHEL SUISSA - WENDY THÉVIN

LE RELAZIONI PERICOLOSE

Traduzione di Valentina Abaterusso

MONDADORI

mondadori.it

ISBN 978-88-04-76435-9

Copyright © 2022 by Hachette Livre
© 2022 Mondadori Libri S.p.A., Milano
Titolo dell'opera originale
Les Liaisons Dangereuses - Le Roman du Film
I edizione luglio 2022